Frag doch mal ...

© 2019 Carlsen Verlag GmbH,
Völckersstraße 14–20, 22765 Hamburg
© I. Schmitt-Menzel / WDR mediagroup GmbH
Autorin: Daniela Nase
Illustrationen: Antje von Stemm
Mausillustrationen: Ina Mertens
Gestaltung und Satz: awendrich grafix, Hamburg
ISBN 978-3-551-25235-7
www.carlsen.de

Daniela Nase

FRAG doch mal ...

Die meistgestellten Fragen an die Maus

Mit Illustrationen von
Antje von Stemm

Inhalt

Warum ist der Himmel blau?	14
Wer hat die Maus erfunden und warum ist sie orange?	21
Wie kommt der Regenbogen an den Himmel?	25
Warum können Flugzeuge fliegen?	33
Warum ist Wasser durchsichtig, aber das Meer blau?	37
Wie kommt der Strom in die Steckdose?	41
Wie funktioniert ein Computer?	47
Warum ist die Banane krumm?	59
Warum kann man sich an Träume nicht immer erinnern?	62
Wie kommt der Strom in den elektrischen Aal?	65
Warum dreht sich die Erde?	67
Warum ist die Erde rund?	71
Warum haben Hasen so lange Ohren?	76
Warum regnet es?	79
Wie kommen die Löcher in den Käse?	86
Heißt Weingummi »Weingummi«, weil Wein drin ist oder weil man früher davon weinen musste?	91
Warum können Schiffe schwimmen?	93
Wie schnurren Katzen?	97

Warum hat man zuerst Milchzähne und warum fallen sie aus?	99
Wie entstehen Blitz und Donner?	103
Wie tief kann ein Maulwurf graben?	109
Warum stechen Mücken und wieso jucken Mückenstiche?	112
Wer hat die Schule erfunden?	115
Warum haben Zebras Streifen?	118
Wie kommen die Streifen in die Zahnpasta?	120
Wie machen Spinnen ihr Spinnennetz?	122
Wer hat die Buchstaben erfunden?	129
Warum haben die Menschen in Afrika schwarze Haut?	135
Warum heißen die Sieben Weltwunder »Weltwunder«?	138
Wie kommt der Sand an den Strand?	144
Wie wird Seife gemacht?	147
Wie hoch kann ein Vogel fliegen?	151
Wenn man nachts schnarcht, warum wird man selbst nicht davon geweckt?	154
Wie hoch ist der Himmel?	157
Warum werden die Blätter im Herbst rot und gelb, aber nicht blau?	162
Wie heiß ist die Sonne und warum ist die Sonne heiß?	165

Wie groß ist der kleinste Baum?	167
Warum habe Indianer meistens lange Haare?	170
Wie kommt die Mine in den Bleistift?	172
Wenn unser Körper 37,3 °Celsius warm ist, warum schwitzt man dann schon bei 20–25 °Celsius?	177
Wie wird Glas hergestellt?	181
Warum sind die Muscheln, die man am Strand findet, leer?	185
Warum heißt das Martinshorn eigentlich nicht Julians- oder Petershorn?	189
Warum kann man Musik nur hören, aber nicht sehen?	191
Wie wird Papier hergestellt?	195
Warum leuchten die Sterne?	199
Danksagung und Bildnachweis	**200**

Vorwort

Spannende Fragen – mausschlaue Antworten!

Wusstest ihr, dass die Maus schon über 45 Jahre alt ist? Im März 1971 hatte sie ihren ersten großen Auftritt im Fernsehen. Kurze Zeit später kamen der Elefant und die Ente dazu und machten die Maus-Welt noch bunter.

Und was gehört neben Maus, Elefant und Ente noch zu jeder »Sendung mit der Maus«? Na klar, die Lach- und Sachgeschichten. Bei den Lachgeschichten wird geschmunzelt, bei den Sachgeschichten gestaunt.

Und um die Sachgeschichten geht es auch in diesem Buch. Seit der ersten Sendung erreichen die Maus-Redaktion täglich Briefe und E-Mails mit euren Fragen – die wir natürlich alle beantworten möchten. So sind im Laufe der Jahre unzählige Sachgeschichten entstanden. Ihr wolltet zum Beispiel wissen:

Warum ist der Himmel blau?
Wie kommen die Löcher in den Käse?
Wer hat die Buchstaben erfunden?

Diese drei Fragen und ganz viele weitere habt ihr uns gestellt. Und so ist dieses Buch entstanden: Es ist eine Sammlung der meistgestellten Fragen an die Maus. Diesmal gibt es die Antworten nur nicht auf dem Bildschirm, sondern auf dem Papier – zum Nachlesen, ganz in Ruhe.

Viel Spaß beim Staunen und Entdecken!

Warum ist der Himmel blau?

Diese Frage beschäftigt die Menschheit und vor allem die Wissenschaftler schon ziemlich lange. Die erste gute Idee dazu hatte der Grieche Aristoteles vor über 2.350 Jahren. Der Engländer Newton half der Erklärung vor über 350 Jahren gewaltig auf die Sprünge. Und dann dauerte es noch mal knapp 200 Jahre, bis das Rätsel weitgehend gelöst werden konnte. Das hat ein anderer Engländer erledigt, ein gewisser Herr Rayleigh. Aber dazu später. Die Sache scheint wirklich nicht ganz leicht zu sein.

Um der Lösung näher zu kommen, braucht man
drei Dinge:

- **einen Blick in den Himmel bei Tag,**

- **einen Blick in den Himmel bei Nacht**

- **und einen Blick aus einer Raumstation auf das Weltall und die Erde.**

In den Himmel gucken kann jeder und der Unterschied ist klar: Am Tag ist der Himmel blau und in der Nacht ist er schwarz.

In der Nacht fehlt etwas: die Sonne und damit ihr Licht. Für einen blauen Himmel braucht man also erstens: **Sonnenlicht**. Darauf ist schon Aristoteles gekommen.

Die Sache mit der Raumstation ist schon schwieriger. Weil wir leider nicht mitfliegen konnten, gibt's hier ein Foto. Das Foto hat unser Maustronaut Alexander Gerst aus der Internationalen Raumstation ISS gemacht. Unten, das Blaue, ist die Erde. Und oben fliegt gerade das Sojus-Raumschiff durchs Bild.

Das Weltall ist schwarz, trotz des Sonnenlichts. Wenn man sich die Erde aber genau anguckt, sieht man um sie herum einen schmalen, blauen Ring. Das ist die Atmosphäre. So heißt die Luft, die sich um die Erde herum befindet. Also: Wo keine Luft ist, ist es schwarz. Für einen blauen Himmel braucht man daher zweitens: Luft.

Licht und Luft zusammen machen die Farbe des Himmels.

Guckt man sich die Luft direkt vor seiner Nase an, dann ist sie trotz des Sonnenlichts nicht blau, sondern durchsichtig. Erst wenn man wirklich in den Himmel schaut, also weit weg, erscheint dieser blau. Und wie das kommt, dafür ist jetzt ein kleiner Ausflug nötig – zu den Teilchen. Luft ist nämlich keineswegs nichts, sondern besteht aus ganz vielen kleinen Teilchen.

Licht stellen sich Wissenschaftler manchmal wie Wellen vor. Die Sonne sendet also Lichtwellen aus. Die sind eigentlich gar nicht weiß, sondern bestehen aus ganz vielen Farben. Das hat als Erster der Engländer Newton gezeigt. Und zwar mit einem Prisma. Ein Prisma ist durchsichtig und kann etwas Besonderes:

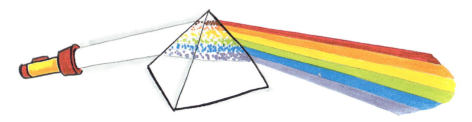

Trifft ein Lichtstrahl auf das Prisma, so spaltet es das Licht in seine Farben auf: Rot, Orange, Gelb, Grün, Blau und Violett. Jede Farbe hat eine andere Wellenlänge.

Rot ist **langwellig** und **Blau** kurzwellig.

Wenn die Lichtwellen auf ein Luftteilchen treffen, dann prallen sie davon ab und zerstreuen sich in alle Richtungen. Dieses gestreute Licht können wir sehen. Weil es dann nämlich in unser Auge fällt.

Da wir nur das gestreute Licht sehen können, ist auch klar, warum Luft in der Nähe durchsichtig erscheint. Auf der kurzen Strecke treffen zu wenig Wellen auf die Teilchen und dadurch wird zu wenig Licht gestreut.

Guckt man in den Himmel, also weit weg, kann man das Ergebnis ganz vieler Zusammenstöße von Licht und Luftteilchen sehen: den blauen Himmel – die gestreuten blauen Lichtwellen.

Aber warum ist der Himmel blau und nicht gelb oder grün?

Dafür machen wir noch einen Ausflug – diesmal in die Küche. Ihr nehmt eine flache Schale, legt einen halben Apfel hinein und füllt so viel Wasser in die Schale, bis nur noch der obere Teil des Apfels aus dem Wasser ragt. Dann muss sich das Wasser ganz beruhigen. Lasst ihr nun eine Rosine ins Wasser fallen, bilden sich kleine Wellen. Die sollen das kurzwellige, blaue Licht sein. Stoßen diese Wellen auf den Apfel, prallen sie ab und werden in alle Richtungen gestreut. Genau das passiert den blauen Lichtwellen, wenn sie auf ein Luftteilchen treffen. Drückt ihr mit der flachen Hand einmal fest ins Wasser, bilden sich große Wellen. Wie beim roten, langwelligen Licht. Die großen Wellen schwappen über den Apfel einfach drüber und werden nicht zerstreut. Genauso geht es dem roten Licht. Es wird mit seinen langen Wellen viel weniger von den Luftteilchen gestreut.

Das blaue Licht wird also viel mehr gestreut als das rote Licht. Ungefähr zehnmal so oft. Und da wir nur gestreutes Licht sehen und Blau am meisten gestreut wird, sehen wir den Himmel blau.

Die Idee mit der **Streuung** hatte Herr Rayleigh und damit wären wir fast am Ende, wenn nicht der Himmel abends rot wäre. Aber das ist schnell erklärt.

Dafür muss man sich überlegen, wo die Sonne und wo der Betrachter stehen. Mittags, wenn der Himmel blau ist, steht die Sonne senkrecht über uns. Der Weg des Lichts durch die Atmosphäre ist kürzer als abends, wenn die Sonne tief über dem Horizont steht. Für die Farbe des Himmels ist nur die Wegstrecke des Lichts durch die Atmosphäre wichtig.

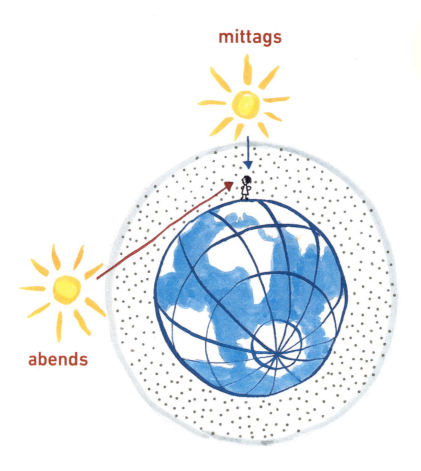

Ist der Weg durch die Atmosphäre lang, stoßen die Lichtwellen auf mehr Luftteilchen. Klar: mehr Luft – mehr Teilchen.

Das blaue Licht trifft auf der langen Strecke so oft auf die Luftteilchen, dass es fast ganz seitwärts herausgestreut ist, bevor es unser Auge trifft. Jetzt hat das langwellige, rote Licht endlich eine Chance. Es wird weniger gestreut und kommt weiter. So weit, dass wir es abends sehen können – als **Abendrot** statt **Himmelblau**.

Wer hat die Maus erfunden und warum ist sie orange?

Die orangefarbene Maus ist nun schon über 45 Jahre alt! Das ist ein Alter, das Mäuse sonst gar nicht erreichen. Aber diese Maus ist ja auch keine gewöhnliche Maus, sondern eine ganz besondere. Und ehrlich gesagt, sie ist genauso jung und fit wie am ersten Tag.

Ihren ersten großen Fernsehauftritt hatte die Maus im März 1971. Damals startete eine neue Sendung des Westdeutschen Rundfunks, die »Lach- und Sachgeschichten«. In der Bildergeschichte »Die Maus im Laden« von Isolde Schmitt-Menzel war die Maus zum ersten Mal mit dabei.

Die selbstbewusste und lustige Maus gefiel den Fernsehmachern vom WDR. Isolde Schmitt-Menzel sollte sich weitere kleine Geschichten zu dieser Figur ausdenken und Friedrich Streich hat daraus Zeichentrickfilme gemacht. Die gezeichnete Maus konnte sich im Trickfilm dann also auch bewegen.

Weil die Zuschauer immer nur über die Sendung mit der Maus sprachen, wurden die »Lach- und Sachgeschichten« umbenannt.

Im Januar 1972 gab es die erste »Sendung mit der Maus«. Und so heißt die Sendung auch heute noch.

Viele haben uns gefragt, warum die Maus orange ist?
Die fröhliche Farbe sagt viel über den Charakter der Maus aus, denn sie ist ja alles andere als eine graue Feldmaus:
Wenn sie hoch hinaus möchte, kann sie ihre Beine ausfahren. Und mit ein bisschen Schwung läuft sie über Zimmerdecke und Wände. Typisch Maus: ungewöhnliche Lösungen für die Aufgaben, die sich in ihrer Welt stellen. Stolpert sie zum Beispiel in einer dunklen Nacht über einen holprigen Weg, dann poliert sie kurzerhand die Mondsichel, bis der Vollmond den Weg in silbernes Licht taucht.

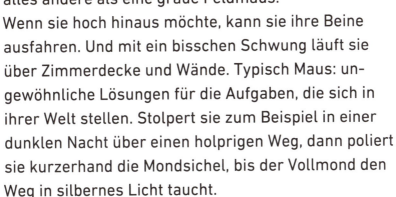

In dieser Welt sind die Gesetze der Natur aufgehoben und so kann es dort auch zu unglaublichen Erscheinungen wie einer orangefarbenen Maus kommen.

Die Freunde der Maus sind ebenso ungewöhnlich und einzigartig wie sie selbst: Der stets hilfsbereite, kleine, blaue Elefant und die freche, gelbe Ente haben die Welt der Maus noch bunter gemacht.

Als der Elefant 1975 zur Maus kam, stand fest, dass es ein blauer Elefant werden sollte: der kleinste blaue Elefant der Welt. Die Farben Blau und Orange bilden einen Kontrast – aber einen sehr harmonischen.

Die Farben sind auch Ausdruck der Charaktere von Maus und Elefant. Die aktive Maus mit ihren schnellen Schritten ist **orange**. Der ruhige, etwas verschlafene Elefant hat die beruhigende Farbe **Blau** bekommen. Nur wer ruhig und gelassen ist, kann der Maus auch immer wieder aus der Patsche helfen. Blau ist aber auch eine fröhliche Farbe und passt gut zum fröhlichen Trompeten des kleinen Elefanten.

Und weil die Welt von Maus, Ente und Elefant eine Fantasiewelt ist, kann dort jeder genau die Farbe haben, die am besten zu ihm passt. Langweilig grau ist keiner der Drei.

Wie kommt der Regenbogen an den Himmel?

Für einen schönen Regenbogen braucht man drei Zutaten: Sonnenlicht, Regentropfen und gute Augen. Nehmen wir einmal an, dass die Augen in diesem Fall Carolin gehören. Es können aber auch gut die von Philipp, Marie oder Jan sein.

Um einen Regenbogen zu sehen, muss Carolin genau zwischen Sonne und Regen stehen, und zwar mit dem Rücken zur Sonne. Also so:

Und genau wie beim blauen Himmel muss nun mit dem Sonnenlicht im Regentropfen etwas passieren, damit man einen Regenbogen sehen kann. Weil der Regenbogen bunt ist, ahnen manche von euch

vielleicht schon, was jetzt zum Einsatz kommt: genau, das Prisma. In jedem Regentropfen passiert genau das Gleiche wie bei einem Prisma, auf das wir mit einer Taschenlampe leuchten.

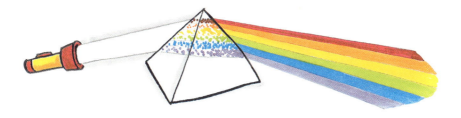

Das Prisma ist lichtdurchlässig. Und es ist fest, anders als die Luft, die gasförmig ist. Das ist wichtig, denn wenn das weiße Licht von der Luft in das Prisma wechselt, wird es in seine verschiedenen Farben zerlegt.

Also in Rot, Orange, Gelb, Grün, Blau und Violett. Weißes Licht wird in seine Farben zerlegt, weil die verschiedenen Farben beim Übergang von der Luft zum Prisma ihre **Lichtgeschwindigkeiten** unterschiedlich verändern.

Blau hat zum Beispiel eine andere Lichtgeschwindigkeit als Rot. Dadurch wird das Licht unterschiedlich stark gebrochen. Die einzelnen Farben, aus denen das weiße Licht zusammengesetzt ist, werden so sichtbar. Es sind die Farben des Regenbogens – immer in der gleichen Reihenfolge.

Nun hängt der Himmel nicht voller Prismen, die das Sonnenlicht in seine verschiedenen Farben zerlegen. Aber – wie praktisch – manchmal ist er voller Regentropfen.

So ein Regentropfen wirkt wie ein Prisma: Er ist durchsichtig und besteht aus Wasser, ist also flüssig und nicht gasförmig wie die Luft.

Das Sonnenlicht wechselt von der gasförmigen Luft in den flüssigen Wassertropfen und wird dabei gebrochen. Wie beim Prisma entstehen die bekannten sechs Farben.

Aber anders als beim Prisma wird das Licht im Regentropfen reflektiert. Das heißt, es wird am hinteren Ende des Regentropfens zurückgeworfen und tritt nach vorne wieder aus.

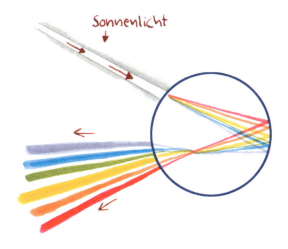

Das Sonnenlicht trifft auf den Regentropfen, wird dort in seine Grundfarben zerlegt und so reflektiert, dass es nun genau in die Augen von Carolin trifft. Carolin sieht das Bild eines Regenbogens.

Aber oft, wenn die Sonne scheint und es nicht weit entfernt regnet, kann Carolin keinen Regenbogen sehen. Woran das liegt, kann man gut zu Hause ausprobieren: Ihr braucht ein möglichst rundes, mit Wasser gefülltes Glas und eine Taschenlampe. Legt die Taschenlampe auf Oberarmhöhe waagerecht ab, schaltet sie an und verdunkelt das Zimmer. Nun stellt ihr euch mit dem Rücken zur Taschenlampe und nehmt das Glas in die linke Hand.

Von der Seite   Von oben

Mit dem Arm geht ihr jetzt so lange langsam nach links, bis ihr einen roten Fleck am rechten Glasrand entdeckt. Das ist das Rot des Regenbogens. Führt ihr das Glas weiter im Kreis, dann entstehen nacheinander auch die anderen Farben des Regenbogens. Jede Farbe tritt in einem anderen Winkel aus dem Glas aus und trifft auf eure Augen. Wichtig ist, dass ihr gesehen habt, dass das Licht immer in einem bestimmten Winkel auf das Glas fallen muss, damit man eine Farbe sehen kann.

Um einen Regenbogen sehen zu können, kommt es auch darauf an, in welchem Winkel das Licht auf die Regentropfen trifft. Wenn die Sonnenstrahlen zu steil auf die Tropfen treffen, sehen wir keinen Regenbogen.

Gegen Abend steht die Sonne tiefer, dann treffen ihre Strahlen die Regentropfen in einem flacheren Winkel – so, dass man einen Regenbogen sehen kann.

Da der Regenbogen nur gebrochenes und gespiegeltes Licht, also ein Bild ist, kann man ihn natürlich auch nicht anfassen oder jemals an sein Ende kommen. Geht man zu weit, um es zu versuchen, verschwindet er. Die Lichtstrahlen treffen nicht mehr die Augen.

Regentropfen fallen vom Himmel auf den Boden und mancher hat sich vielleicht schon gefragt, warum dann nicht auch der Regenbogen mit auf den Boden fällt. Verfolgen wir dafür mal kurz einen Regentropfen:
Er beginnt zu fallen und an einem bestimmten Punkt spiegelt er das Licht so, dass wir eine Farbe sehen können. Wie bei dem Versuch mit dem Glas und der Taschenlampe. Und wenn er weiter fällt, dann sehen wir die Reflexion nicht mehr. Die Farbe ist also nur sichtbar, wenn sich der Tropfen an einer bestimmten Stelle des Himmels befindet. Bewegt er sich weiter Richtung Erde, ist sie weg.

Aber wenn der Tropfen weg ist, müsste der Regenbogen dann nicht auch verschwinden?

Nicht ganz, denn dort, wo ein Tropfen verschwunden ist, wird er sofort durch den nächsten ersetzt. Und weil es so viele Tropfen sind, die schnell hintereinander Richtung Erde fallen, bleibt der Regenbogen für unser Auge am Himmel stehen. Bis es aufhört zu regnen oder die Sonne weiterwandert – dann verschwindet auch der Regenbogen.

Warum können Flugzeuge fliegen?

Es ist einer der ältesten Träume der Menschen: fliegen wie ein Vogel. Bis der Traum vom Fliegen endlich wahr wurde, vergingen aber viele Hundert Jahre. Das lässt vermuten, dass die Sache mit dem Fliegen nicht ganz einfach ist. Es gehört einiges dazu, bis ein Flugzeug wirklich in die Luft abhebt und auch wieder sicher landet. Bis es so weit war, gab es eine Menge Bruchlandungen.

Heißluftballons und Gleitflieger waren schon erfunden, als es 1903 den Brüdern Wright gelang, mit einem **Motorflugzeug** in die Luft zu steigen. Der erste Flug war eher ein Hopser und nur rund 37 Meter weit. Aber schon beim vierten Flug legten sie 260 Meter zurück, und ab da war die Sache nicht mehr zu stoppen.

Es gibt zwei Dinge, die das Fliegen so schwierig machen: das **Gewicht** des Flugzeugs und der **Luftwiderstand**. Eine Boeing 747 wiegt 400 Tonnen. Ohne dass etwas sie anhebt, bleibt sie am Boden stehen. Der Grund:

Die Erde zieht alles an, ein schweres Flugzeug genauso wie einen kleinen Stein.

Den Luftwiderstand spürt jeder, der Fahrrad fährt. Man muss kräftig in die Pedale treten, um diesen Widerstand zu überwinden. Ein großes Flugzeug muss natürlich gegen einen viel größeren Luftwiderstand ankommen. Gewicht und Luftwiderstand müssen also überwunden werden, damit ein Flugzeug fliegt. Gegen das Gewicht wirkt der **Auftrieb**. Er entsteht an den Flügeln. Gegen den Widerstand drückt der **Schub**. Er wird von den Düsen oder den Propellern des Flugzeugs erzeugt.

Zuerst zum **Schub**: Düsen und Propeller ziehen Luft von vorne an und drücken sie hinter sich wieder heraus. Dadurch wird das Flugzeug angeschoben. Wie das funktioniert, könnt ihr mit einem Luftballon selbst ausprobieren: einfach aufblasen und loslassen. Die ausströmende Luft schiebt den Ballon an. Er fliegt durch die Luft. Genauso schiebt die ausströmende Luft das Flugzeug an und überwindet dabei den Luftwiderstand. Vorwärts rollt das Flugzeug nun schon mal. Es wird sogar immer schneller. Nur abheben müsste es jetzt noch. Aber es ist so schwer!

Jetzt kommt der **Auftrieb** ins Spiel: Während das Flugzeug vorwärts fährt, wird es von Luft umströmt. Nun werden die Flügel wichtig. Was dort mit der Luft passiert, das gucken wir uns mal genauer an: Das Flugzeug gleitet durch die Luft. Dabei drückt die Luft von allen Seiten auf das Flugzeug. Aber nicht gleich stark. Wenn die Luft auf den Flügel trifft, dann teilt sie sich auf und strömt oben und unten am Flügel entlang. Aber nicht gleich schnell. Weil der Flügel etwas schräg gestellt und oben mehr gebogen ist, strömt die Luft oben schneller entlang als unten.

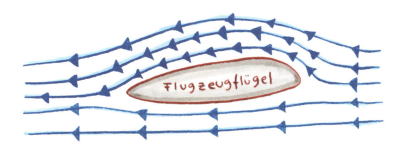

Die schneller strömende Luft drückt weniger als die langsamere Luft. Dadurch entsteht oberhalb des Flügels ein **Unterdruck**. Unterdruck kann etwas Besonderes: Er zieht das Flugzeug nach oben, und zwar kräftig.

Wie Unterdruck wirkt, das könnt ihr ausprobieren: Nehmt einen Plastikbecher und setzt ihn ganz fest um euren Mund. Atmet jetzt kräftig durch den Mund ein. Im Becher entsteht durch die fehlende Luft ein Unterdruck. Der zieht eure Lippen in den Becher und der Becher saugt sich am Gesicht fest. Unterdruck kann also wirklich ziehen.

Über einem Flugzeugflügel wird der Unterdruck umso größer, je schneller das Flugzeug wird. Irgendwann ist er so groß, dass er den Flieger von der Startbahn weg in die Luft nach oben zieht. Was die Luft am Flügel bewirkt hat, nennt man den **Auftrieb**.

Ist der Auftrieb groß genug, dann überwindet er das Gewicht des Flugzeugs. Es hebt ab und fliegt.

Die Frage nach dem blauen Meer erinnert ziemlich stark an die Frage nach dem blauen Himmel. Und tatsächlich ist einiges bei der Antwort gleich. Bevor ihr euch aber gähnend zurücklehnt oder direkt weiterblättert: Es kommt noch etwas Neues hinzu.

Fangen wir mit dem Bekannten an: Farben haben immer etwas mit Licht zu tun. Wieder mal ist es das Sonnenlicht, das ja auch für das Blau des Meeres zuständig ist. Es besteht eigentlich aus ganz vielen Farben: Rot, Orange, Gelb, Grün, Blau und Violett. Das kennt ihr alles schon vom Bild mit dem Prisma.

Wasser besteht wie Luft aus ganz vielen kleinen Teilchen. Wenn das Sonnenlicht auf die Wasserteilchen trifft, passiert das Gleiche wie in der Luft: Es wird gestreut.

Das bedeutet, das Licht trifft auf ein Wasserteilchen und prallt ab. Dadurch können wir es sehen. Wie in der Luft wird Blau viel öfter gestreut als die anderen Farben.

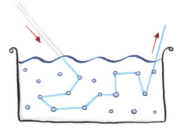

Beim Wasser kommt jetzt aber noch etwas hinzu, das neu ist. Wasser »schluckt« auch Licht; am liebsten rotes. »Absorbieren« nennt man das. Das kann man sich ungefähr so vorstellen: Kommt rotes Licht ins Wasser, dann wird es von den Wasserteilchen festgehalten und nicht mehr aus dem Wasser rausgelassen. Es wird sogar verändert: Aus dem Licht wird Wärme. Sehen kann man davon aber nichts. Wärme kann man nicht sehen und Licht, das nicht mehr aus dem Wasser rauskommt, natürlich auch nicht.

Am liebsten absorbiert, also »schluckt«, das Wasser die Farben Rot, Orange und Gelb.

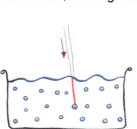

Das Meer ist also blau, weil zwei Dinge zusammenkommen: Erstens streut blaues Licht am meisten und zweitens werden die anderen Farben des Lichts stärker vom Wasser absorbiert.

Jetzt sagen ein paar von euch aber sicher: »Nöö, stimmt gar nicht, manchmal ist das Meer ganz grün oder türkis und ein Fluss wirkt oft eher braun.« Richtig. Das liegt aber an etwas anderem. Wasser in Seen und Meeren ist nicht nur reines Wasser, es schwimmt noch eine Menge darin: Plankton zum Beispiel. Das sind winzige Pflanzen und Tiere. Sie färben das Wasser grün. Der helle Sand im flachen, ufernahen Wasser wirft das Sonnenlicht direkt zurück. Dadurch hellt das Blau auf und wird türkis. Und Flüsse führen oft Schlamm und Erdkrümelchen mit und deshalb erscheint ihr Wasser braun. Sauberes Wasser, weit draußen im Meer oder auch im Schwimmbad, das ist aber immer blau.

Bleibt eine letzte Frage: Wenn man ein Glas Wasser aus dem blauen Meer schöpft, warum ist dann dasselbe Wasser auf einmal durchsichtig? Das liegt an der Menge des Wassers. In einem Glas ist so wenig Wasser, dass das blaue Licht zu selten auf Wasserteilchen trifft und streut. Das weiße Licht geht also ziemlich ungestört durch das Wasser im Glas hindurch.

Deshalb ist wenig Wasser durchsichtig und viel Wasser blau. Je tiefer das Meer ist, umso dunkelblauer erscheint es.

Wenn das Wasser aber zu tief ist, dringt kein Lichtstrahl mehr hindurch. Ganz unten im Meer ist es deshalb stockdunkel.

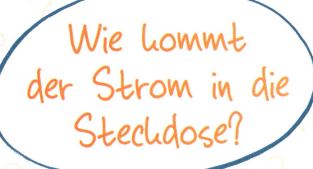

Wie kommt der Strom in die Steckdose?

Eigentlich scheint alles ganz einfach: Stecker rein in die Steckdose und schon leuchtet die Lampe, toastet der Toaster und lädt das Handy. Das Ganze geschieht wie von Geisterhand. So viel schon mal vorweg: Geister sind's nicht. Vielmehr steckt Technik dahinter. Wie die funktioniert, müssen wir herausfinden, um zu erklären, wie der Strom in die Steckdose kommt.

Versteckt in der Wand, direkt hinter der Steckdose, startet das Ganze. Hier befindet sich ein Kabel. Durch das kommt der Strom zur Steckdose. Das Kabel führt zum Sicherungskasten und der ist mit der Hauptstromleitung verbunden. Und zusammen mit der Hauptstromleitung verlassen wir in Gedanken auch schon das Haus. Ab hier geht's weiter mit einer Menge Kabel – manchmal unter der Erde und manchmal auch darüber. Die Kabel über der Erde habt ihr bestimmt schon mal gesehen: zum Beispiel solche Hochspannungsleitungen.

Die Leitungen enden meist in einem Kraftwerk. Das können zum Beispiel Kohlekraftwerke, Gaskraftwerke, Kernkraftwerke, Erdwärmekraftwerke, Wasserkraftwerke oder auch Windkraftwerke sein. Die Namen verraten es schon:

Strom wird aus ganz unterschiedlichen Dingen und auch auf unterschiedliche Weise »gemacht«.

Er kommt also nicht einfach aus dem Nichts. Das liegt daran, dass Strom eigentlich eine Form von Energie ist: elektrische Energie. Energie kann man nicht einfach herbeizaubern. Man kann nur die Energie, die da ist, verändern. Umwandeln nennt man das auch. Wie so etwas funktioniert, gucken wir uns bei einem Kohlekraftwerk mal näher an. Dort wird Wärmeenergie in elektrische Energie verwandelt.

Dafür wird die Kohle im Kraftwerk verbrannt. Dabei entsteht Wärme, mit der Wasser in einem riesigen Kessel erhitzt wird. Das Wasser in dem Kessel wird so heiß, dass es verdampft. Wie bei einem Wasserkessel, den man auf den Herd stellt. Wenn das Wasser kocht, bildet sich Wasserdampf. Hält man ganz vorsichtig ein kleines Spielzeugwindrad in den Dampf, dann dreht sich das Windrad. Der Wasserdampf setzt es in Bewegung. Genau dasselbe macht der Wasserdampf im Kraftwerk. Nur setzt er ein großes Rad in Bewegung. Das heißt Turbine.

An die sich drehende Turbine ist ein Generator angeschlossen. In ihm wird die Drehbewegung der Turbine in elektrische Energie umgewandelt.

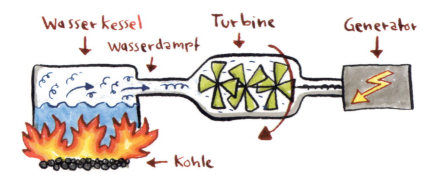

Das funktioniert ähnlich wie beim Dynamo eures Fahrrades. Auch der Dynamo ist ein kleiner Generator. In dem Fall wandelt er die Energie der Drehbewegung des Rades in elektrische Energie um, die die Fahrradlampe zum Leuchten bringt.

Oft wird in Kraftwerken Wärmeenergie erzeugt und in elektrische Energie umgewandelt. Es funktioniert aber auch mit Bewegungsenergie. So treibt in einem Wasserkraftwerk das schnell fließende Wasser die Turbine an. Und bei einer Windkraftanlage bewegt der Wind die großen Rotorblätter – also die Windflügel – und treibt damit den Generator an.

Zwischen den Energien, mit denen elektrische Energie hergestellt wird, gibt es einen großen Unterschied: Die einen sind erneuerbar, die anderen nicht. **Nicht erneuerbar** sind Kohle, Erdgas, Öl und auch Uran, das in Kernkraftwerken verwendet wird. Eigentlich klar, denn wenn man zum Beispiel ein Stück Kohle einmal verbrannt hat, dann ist es weg. Und wenn alle Kohle, die es auf der Erde gibt, verbrannt wurde, dann kann man daraus natürlich auch keinen Strom mehr machen.

Sie ist dann aufgebraucht.
Anders bei Wind und Sonne. Sie werden bei der Herstellung von elektrischer Energie nicht verbraucht. Wind weht fast immer irgendwo und auch die Sonne scheint dauerhaft vom Himmel. Weil man aus ihnen immer wieder neu Energie gewinnen kann, nennt man sie **erneuerbare** Energien.

Aber egal auf welche Weise der Strom hergestellt wird: Am Ende fließt er durch Leitungen bis zu euch nach Hause in die Steckdose. Und sorgt für Licht, sobald ihr den Stecker der Lampe einsteckt. So, jetzt ist die Erklärung zu Ende und ihr könnt das Licht wieder ausmachen.

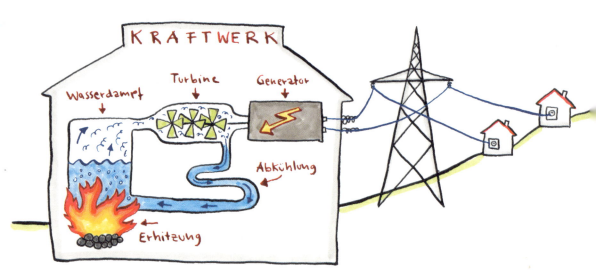

Wie funktioniert ein Computer?

Während wir nach einer Antwort auf diese Frage gesucht haben, kamen wir uns wie der Junge auf dem Bild vor: Man wühlt sich in den Computer immer tiefer hinein und dabei wird alles immer verwirrender. Weil ein Computer ein sehr kompliziertes Gerät ist und man über ihn ein ganzes Buch schreiben könnte, haben wir beschlossen, uns auf zwei Fragen zu konzentrieren:

1. Was passiert, wenn wir den Computer starten?

2. Was passiert im Computer ab dem Moment, in dem wir den Buchstaben »A« drücken, bis zu dem Moment, in dem das »A« auf dem Bildschirm erscheint?

Wie der Computer arbeitet, das sagt schon sein Name:
Computer ist Englisch und heißt übersetzt »Rechner«.
Ein Computer rechnet aber nicht so wie wir, sondern er
führt nacheinander ganz viele einfache Befehle aus.
Weil jeder Befehl so einfach ist, kann er das supergut
und superschnell.

Damit ein Computer arbeiten kann, braucht er Strom.
Der kommt entweder durch ein Kabel aus der Steckdose oder ist bereits im Akku gespeichert. Wenn ihr
den Computer anschaltet, schließt sich ein Stromkreis

und der Strom kann fließen. Strom wird uns nun die ganze Zeit begleiten, denn alles, was im Computer stattfindet, passiert mithilfe des Stroms. Als Erstes geht es ans Wecken. Hier die Namen von einigen Teilen, die geweckt werden: Das sind zum Beispiel der Prozessor, die Tastatur und der Bildschirm. Sie werden vom Strom sozusagen angetippt und müssen antworten und sagen, ob sie alle da sind und ob alles in Ordnung ist. Das dauert ein paar Sekunden. Das ist wie bei euch, wenn ihr morgens geweckt werdet: Da muss man erst einmal gähnen, sich recken und den Schlaf aus den Augen reiben. Das Aufwecken allein reicht aber noch nicht, um mit dem Computer arbeiten zu können.

Um einen Computer benutzen zu können, braucht man ein Betriebssystem. Ein Betriebssystem ist ein Programm. Und das wiederum ist eine lange Liste von Befehlen, die ein Computer hintereinander ausführt. Ein Programm wird von Menschen geschrieben und dann in Befehle, die der Computer versteht, übersetzt. Ein Computer macht also erst einmal nichts von selbst.

Das Betriebssystem ist sozusagen der Hausmeister im Computer. Es verwaltet alle Geräte und Programme. Das bedeutet, es ordnet, sortiert und räumt auf. Dieses Betriebssystem wird in den Arbeitsspeicher geladen, damit es bereit ist für eure Anweisungen.

Bevor ihr das »A« eingeben könnt, muss aber noch etwas gestartet werden, das auch schon im Computer abgespeichert ist: ein **Programm**. Wir wollen gleich schreiben, also soll es ein Schreibprogramm sein.

Jetzt ist für das Schreiben alles vorbereitet, was wir brauchen: Alle sind wach, das Betriebssystem ist bereit und das Schreibprogramm wartet auf den ersten Buchstaben. Also, nichts wie los und das »A« auf der Tastatur eintippen.

Halt, stopp, einen Moment noch! Bevor wir das »A« eingeben, müssen wir noch kurz gucken, wie der Computer überhaupt arbeitet. Alles, was er kann, ist rechnen, also braucht er Zahlen. Er rechnet aber nicht wie wir mit zehn Ziffern, sondern nur mit zweien, der »0« und der »1«. Auch mit nur zwei Ziffern kann man alle Zahlen darstellen. Zum Beispiel:

Wir schreiben:	1	2	3	4	5	6	7	8	9
Computer:	1	10	11	100	101	110	111	1000	1001

Dieses System aus »0« und »1« heißt **Binärsystem**. Es wird auch »Zweiersystem« genannt, weil es nur aus den zwei Ziffern »0« und »1« besteht. Auch jedem Buchstaben ist beim Computer eine Kombination von Nullen und Einsen zugeordnet. Zum Beispiel:

Wir schreiben:	A	B	C	X	Y	Z
Computer:	01000001	01000010	01000011	01011000	01011001	01011010

Für den Computer ist das Binärsystem besonders
gut geeignet, weil es mit Strom zu bedienen ist. Beim
Strom gibt es nämlich auch nur zwei Möglichkeiten:
Entweder er fließt oder er fließt nicht.

An einem Lichtschalter könnt ihr das gut ausprobieren:
Eine »1« bedeutet »Licht an«, das heißt, Strom fließt.
Eine »0« bedeutet »Licht aus«, es fließt kein Strom.

Die »5«, also »101« aus dem Binärsystem, hieße in
Strom übersetzt: Licht an, Licht aus, Licht an.

Der Computer hat in seinem Arbeitsspeicher viele Millionen Schalter, die entweder gerade »an« oder »aus«
sind. Damit merkt er sich alle Programme und Daten.

Jeder Schalter kann genau eine »0« oder eine »1« speichern. Das nennt man ein Bit.

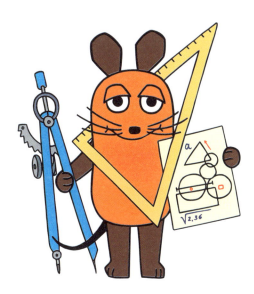

So, jetzt kann es endlich losgehen, haut in die Tasten, genauer gesagt auf das »A«. In dem Moment, in dem ihr auf das »A« drückt, wird ein Kontakt geschlossen. Das bedeutet, es fließt Strom. Und zwar durch einen Schalter, der unter der Taste ist.

Zur Taste »A« gehört ein ganz bestimmter Code. Das ist eine achtstellige Kombination von »0« und »1«. In der Tabelle vorne könnt ihr ablesen, welche Ziffern zum »A« gehören. Jeder Buchstabe und jede Zahl auf der Tastatur haben natürlich einen anderen Code. Der Code für das »A« heißt: 01000001.
Das sind also acht Bits mit jeweils dem Befehl »Strom an« oder »Strom aus«. Die müssen jetzt von der Tastatur zum Computer gelangen. Drückt man die Taste »A« nach unten, dann fließt der Strom durch den Schalter und die Tastatur sendet die acht Bits für den Buchstaben »A« hintereinander zum Computer.

Im Inneren des Computers sitzt das **Motherboard**. »Board« ist Englisch und heißt »Platte«. Es ist auch tatsächlich eine Platte, auf der sich alle wichtigen Dinge des Computers abspielen.

Auf dem Motherboard gibt es verschiedene Bereiche. Die wichtigsten sind: der Prozessor, der Arbeitsspeicher und die Festplatte. Die sind untereinander verbunden.

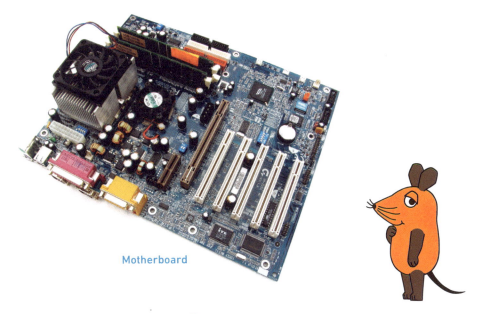

Motherboard

Die Verbindung nennt man **Bus**. Der Bus ist aber kein Schulbus, sondern es sind Leitungen. Sie verbinden alles auf dem Motherboard. Auf dem Bus laufen mehrere Bits gleichzeitig, man sagt auch parallel, von einem Bauteil zum anderen. Das geht schneller, als die Bits einzeln hintereinander zu übertragen.

Die acht Bits, aus denen das »A« besteht, landen zuerst beim **Eingabepuffer**. Das ist ein kleiner Chip, der sich merkt, was die Tastatur gesendet hat. Er meldet dann dem Prozessor, dass ein neues Zeichen da ist.

Ein **Chip** ist ein kleines Siliziumplättchen, auf dem sich viele Leitungen und Schalter befinden, die zu einer komplizierten Schaltung verbunden sind.

Der **Prozessor** ist ebenfalls ein Chip und wird auch »Zentraleinheit« oder abgekürzt »CPU« genannt. Obwohl der Prozessor nicht größer als ein Fingernagel ist, schafft er unglaublich viele Rechenschritte in atemberaubender Geschwindigkeit. Er leistet fast die ganze Arbeit im Computer.

Prozessor

Der Prozessor holt sich immer neue Arbeit – im Computer heißt diese Arbeit »Befehle« – und führt sie aus. So eine Liste von Befehlen heißt **Programm**. Weil wir ein »A« schreiben wollen, braucht der Computer das Schreibprogramm.

Der Ort, wo der Prozessor alle Befehle herholt, heißt **Arbeitsspeicher**. Er ist so etwas wie der Notizblock des Computers. Alle Programme und alles, was gerade bearbeitet wird, notiert der Computer im Arbeitsspeicher.

Arbeitsspeicher

Wie auf einem Notizblock ist auch auf dem Arbeitsspeicher nicht unendlich viel Platz. Was länger im Computer bleiben soll, kommt deshalb auf die **Festplatte**. Das ist das Langzeitgedächtnis eines Computers. Und dort ist riesig viel Platz.

Festplatte

Alles, was wir für unser »A« brauchen, ist im Moment aber im Arbeitsspeicher. Der Prozessor hat vom Eingabepuffer gemeldet bekommen, dass ein »A« angekommen ist. Erst einmal kümmert sich das Betriebssystem um das »A«. Das Betriebssystem verwaltet ja schließlich alles und weiß natürlich auch, wohin es mit einem »A« weitergeht.

Als wir das Schreibprogramm gestartet haben, hat es dem Betriebssystem gemeldet, dass es alles sehen will, was die Tastatur sendet. Klarer Fall, das »A« bekommt das Schreibprogramm. Es ist der erste Buchstabe, den wir heute schreiben, also berechnet das Programm das »A« so, dass es als erster Buchstabe eines Wortes erscheint.

Wenn das Schreibprogramm damit fertig ist, meldet es das dem Betriebssystem und sagt: Gib es weiter an die Grafikkarte. Die Grafikkarte soll dafür sorgen, dass man das »A« auf dem Bildschirm sehen kann.

Nun kann die **Grafikkarte** aber keinen Code, wie zum Beispiel 01000001, direkt auf den Bildschirm schreiben. Er muss erst so umgewandelt werden, dass unser Auge das »A« auch erkennen kann. Das Betriebssystem macht deshalb aus den Ziffern Bildpunkte. Das bedeutet, der Prozessor berechnet ein Muster aus Bildpunkten, die entweder leuchten oder nicht leuchten. Das sieht zum Beispiel so aus:

```
00111100
01100110
11000011
11111111
11000011
11000011
```

Das Muster schickt der Prozessor an die Grafikkarte, die speichert alles und schickt 60- bis 100-mal pro Sekunde ein neues Bild zum Bildschirm. Das ist so schnell, dass wir die einzelnen Bilder nicht sehen können.

Das Bild auf dem Bildschirm sieht ganz ruhig aus, obwohl es rasend schnell immer wieder neu gemalt wird.

Und zack, jetzt ist auch das »A«-Muster dabei. Genau die Bildpunkte, die zusammen gesehen als Muster ein »A« formen, werden vom Strom zum Leuchten gebracht. Und endlich könnt ihr es sehen: das

A

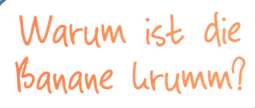

Warum ist die Banane krumm?

Hm ... fleißige Bananenbieger können es nicht sein. Aus zwei Gründen:
- Erstens hätten die Bananen dann Druckstellen vom Biegen – und wer möchte solche Bananen schon essen?
- Zweitens werden pro Jahr mehr als 100 Millionen Tonnen Bananen geerntet und es würde viel zu lange dauern, all diese Früchte krumm zu biegen. Also, irgendwie muss das von allein funktionieren. Und das tut es tatsächlich.

Wenn eine Bananenpflanze ungefähr acht Monate alt und bis zu fünf Meter hoch ist, bildet sich ihre Knospe. Sie ist dunkel-rot-violett und sehr groß. Unter den großen Blättern befinden sich die gelblichen **Blüten** der Banane. Ohne dass sie von Insekten befruchtet werden müssen, bilden sich aus diesen Blüten die **Früchte**. Das sind die Bananen. Guckt man sich diese kleinen Bananen an, so sind sie noch vollkommen gerade.

Sie wachsen seitlich aus dem Stängel heraus. Erst wenn sich das große Blatt der Knospe über ihnen aufgerollt hat, vertrocknet und abgefallen ist, dann verändert sich ihre Form.

Das hat einen guten Grund: Bananen wachsen in ganz vielen Ringen rund um den Stängel der Knospe. Das kann man sich wie viele übereinandergestapelte Kränze vorstellen.

Oft sind es bis zu 200 Früchte, die so an einer Staude übereinander wachsen.

Würden die Bananen gerade weiterwachsen, würden sie die nachkommenden Blüten unter sich verdecken und deren Bestäubung verhindern. Deshalb machen die Bananen Platz.

Das machen die Bananen aber natürlich nicht, weil sie so freundlich sind. Bananen wachsen, wie alle Pflanzen, in Richtung des Lichts und biegen sich deshalb nach oben. Das hat noch einen Vorteil: Würden sie weiter gerade wachsen, dann würden die Bananen, die oben am Stängel sitzen, den unteren Früchten das Licht nehmen. Ohne Licht können Früchte aber nicht reifen. Auch deshalb müssen sich die Bananen verbiegen.
Die Natur hat es also ganz allein geschafft, die Banane krumm zu biegen. Schlechte Zeiten für Bananenbieger.

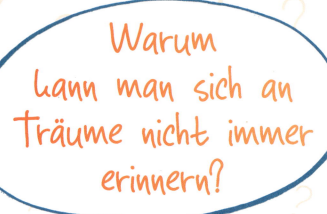

Warum kann man sich an Träume nicht immer erinnern?

Ihr wacht schweißgebadet auf und seid froh, dass das Krokodil, das euch eben noch gejagt hat, doch nur ein Albtraum war. An so einen Traum möchte man sich lieber nicht erinnern. Aber es gibt ja auch schöne Träume und von denen wüsste man morgens gerne etwas. Oft wacht man allerdings auf und kann sich an keinen Traum mehr erinnern.

Geträumt hat man aber auf jeden Fall. Das haben Wissenschaftler herausgefunden, indem sie Menschen beim Schlafen beobachtet haben. Und sie haben auch eine Vermutung, warum wir die meisten Träume wieder vergessen: Träume sind oft wirr. Würden sie so im Gedächtnis abgespeichert werden, dann wären wir bald ganz durcheinander und wüssten nicht mehr, was wahr ist und was nicht: das, was wir tagsüber erleben oder das, was wir nachts träumen. Das Gehirn schützt sich also durch das Vergessen. Aber keine Sorge: Die wenigen Träume, an die wir uns erinnern, schaden uns nicht.

Ob wir uns an unsere Träume erinnern, hängt davon ab, wie viel Zeit zwischen Traum und Aufwachen vergeht.

Es dürfen höchstens ein paar Minuten dazwischen liegen, damit man sich noch an den Traum erinnert. Sonst ist er weg.

Oft ist es auch so, dass man sich direkt nach dem Aufwachen noch an den Traum erinnern kann. Aber mittags hat man ihn schon vergessen. Der Traum scheint also erst einmal nicht im Gedächtnis gespeichert zu werden. Es gibt aber einen Trick: Wenn man nach dem Aufwachen noch einmal über seinen Traum nachdenkt, dann behält man ihn länger im Gedächtnis.

Auch die Frage, warum der Mensch überhaupt träumt, ist noch nicht genau geklärt. Wahrscheinlich verarbeiten wir in der Nacht Probleme, mit denen wir uns am Tag herumgeschlagen haben.

Und im Traum werden vermutlich auch Dinge, die wir neu gelernt haben, so verarbeitet, dass wir sie uns merken können. Haben wir zum Beispiel ein neues Wort wie »Hoppelpoppel« gehört und träumen dann davon, dann ist es fortan in unserem Gedächtnis gespeichert.

Wir träumen übrigens nicht nur einmal, sondern mehrmals in jeder Nacht. Und zum Glück auch nicht jedes Mal von einem Krokodil, das uns jagt. Denn sonst hätten wir wohl nach dem Aufwachen eher das Gefühl, erst mal zum Ausruhen ins Bett gehen zu müssen.

Wie kommt der Strom in den elektrischen Aal?

Wir haben uns umgehört und gleich zwei Sachen erfahren:
1. Der Zitteraal heißt zwar Aal, ist aber gar keiner und
2. der Strom kommt auch nicht von außen in ihn hinein.

Das müssen wir uns unbedingt genauer ansehen. Der Zitteraal gehört nicht zu den Aalen, sondern zu den Neuwelt-Messerfischen. Aber er ähnelt den Aalen mit seinem bis zu zweieinhalb Meter langen, braunen und schlangenähnlichen Körper sehr. Deshalb hat er seinen Namen bekommen. Damit wäre das Namensproblem gelöst. Aber wie kommt denn nun der Strom in den Fisch?

Käme er von außen, dann müsste es so etwas wie Steckdosen oder Batterien im Wasser geben. Daran könnte der Fisch sich regelmäßig neu aufladen. Aber die gibt es natürlich nicht.

Der Zitteraal muss den Strom also selbst herstellen. Das macht er in seinem Körper, in den sogenannten **elektrischen Organen**. Die haben sich aus Muskelzellen gebildet. Der Zitteraal besteht zum großen Teil aus solchen elektrischen Organen. Und deshalb kann er richtig viel Strom produzieren. Bis zu 600 Volt Spannung kann er erzeugen. Zum Vergleich: Eine einzelne Taschenlampenbatterie hat eineinhalb Volt.

Die elektrischen Organe bestehen aus vielen flachen, sechseckigen Scheiben. In jeder dieser Scheiben wird nur wenig Spannung erzeugt. Weil beim Zitteraal aber Tausende dieser Scheiben hintereinanderliegen, addiert sich ihre Spannung. So, als würde man ganz viele Batterien hintereinanderstellen und alle der Reihe nach miteinander verbinden.

So viel Elektrizität herstellen zu können, ist nützlich. Zum Beispiel verteidigt sich der Zitteraal mit Stromschlägen gegen seine Feinde. Er kann aber auch seine Beute, Fische, Lurche und kleinere Säugetiere, damit lähmen. Mit kleineren elektrischen Stößen findet das Männchen auch sein Weibchen, grenzt sein Revier ab und orientiert sich im Wasser. Dieses kleine Elektrizitätswerk im Fisch ist also ganz schön praktisch.

Warum dreht sich die Erde?

Wer wissen will, warum die Erde sich dreht, muss sich auf eine kleine Zeitreise begeben. Und die geht ungefähr 4,5 Milliarden Jahre zurück, in die Zeit, als unsere Erde entstand. Was damals wirklich passierte, weiß niemand – es war ja schließlich keiner dabei. Aber es gibt anschauliche Modelle, mit denen Wissenschaftler versuchen die Entstehung der Erde zu erklären.

Damals, vor 4,5 Milliarden Jahren, flogen große Mengen von Gas und Staub überwiegend in derselben Richtung um die Sonne. Wenn zwei Staubkörner zusammenstießen, klebten sie sich aneinander. Kam noch eins dazu, haftete es sich auch an und so wuchs der Staubklumpen immer weiter. So ein Brocken hat eine Masse und die hat eine ganz bestimmte Eigenschaft: Sie übt Schwerkraft aus.

Die **Schwerkraft** wird auch Gravitationskraft genannt. Und diese Kraft macht etwas ganz Besonderes: Sie hält nicht nur Staubklumpen zusammen, sondern zieht auch andere, kleinere Massen an, also andere, kleinere Staubklumpen. Und je größer so ein Brocken wird, desto mehr Masse hat er und desto größer wird seine Anziehungskraft. So wuchs nach und nach ein kleiner Staubklumpen zu einem immer größeren Felsbrocken und daraus entstand schließlich der Planet Erde.

Immer wenn kleine Staubteilchen oder später auch größere Gesteinsbrocken die entstehende Erde trafen, gaben sie ihr auch ein bisschen Schwung. Das kann man sich so vorstellen, als würde man mit Knetgummibällen auf einen Standglobus werfen. Jeder Ball bleibt am Globus haften und dreht ihn mit seinem Schwung ein bisschen weiter. So bekam die Erde ihren **Drehimpuls**.

Weil sehr viele Teilchen die Erde trafen, drehte sie sich ziemlich schnell – schneller als heute. Vor 400 Millionen Jahren war ein Tag deshalb nicht wie heute 24, sondern nur 22 Stunden lang.

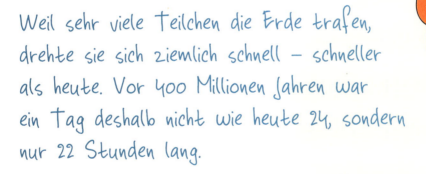

Für eine ganze Drehung brauchte die Erde also zwei Stunden weniger. Entsprechend schneller rotierte sie um die eigene Achse.
Das Ganze ging natürlich nicht von heute auf morgen, sondern dauerte Millionen Jahre. Schluss war mit Wachstum und Anschieben der Erde erst, als in unserem Sonnensystem Gas und Staub von der Sonne und den Planeten fast ganz aufgesaugt waren. Wo nichts mehr ist, kann auch nichts weiterwachsen.

Vor ungefähr vier Milliarden Jahren hat die Erde ihre heutige Größe erreicht. Stellt man sich auf der Erdoberfläche auf den Äquator, beträgt die Geschwindigkeit ungefähr 1670 Kilometer pro Stunde – davon merkt man aber nichts. Weil es im Weltraum kaum Widerstand oder Reibung gibt, braucht die Erde heute keine neuen Anstöße mehr, um sich in dieser Geschwindigkeit weiterzudrehen.

Nichts stellt sich der Drehung entgegen – fast nichts. Denn etwas abgebremst wird sie doch. Der Mond »schleift« die Meere mit seiner Anziehungskraft über den Meeresboden. Ihr kennt das als Ebbe und Flut. Dabei entsteht **Reibung** und die bremst die Erddrehung tatsächlich ab.

Außerdem schwappt das flüssige Innere der Erde wie ein mit Wasser gefüllter Luftballon, den man bewegt, und »wehrt« sich gegen die Erddrehung. Auch das bremst die Geschwindigkeit.

Aber keine Sorge: Die Erde wird sich noch Milliarden Jahre weiterdrehen, denn all das kann sie nur ein klitzekleines bisschen abbremsen.

Warum ist die Erde rund?

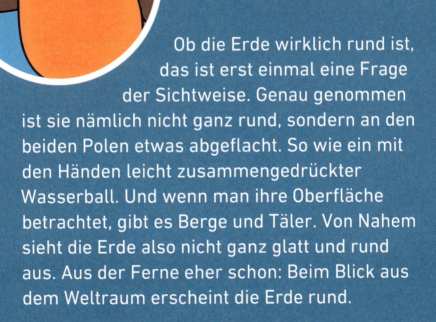

Ob die Erde wirklich rund ist, das ist erst einmal eine Frage der Sichtweise. Genau genommen ist sie nämlich nicht ganz rund, sondern an den beiden Polen etwas abgeflacht. So wie ein mit den Händen leicht zusammengedrückter Wasserball. Und wenn man ihre Oberfläche betrachtet, gibt es Berge und Täler. Von Nahem sieht die Erde also nicht ganz glatt und rund aus. Aus der Ferne eher schon: Beim Blick aus dem Weltraum erscheint die Erde rund.

Dass die Erde fast rund ist, hat viel mit ihrer Entstehung zu tun. Am Anfang, als sie sich aus vielen Staubkörnchen, Steinen und Felsbrocken bildete, war sie vermutlich gar nicht rund. Die Kugelform ist im Weltall nämlich kein Naturgesetz. Aber es gibt ein entscheidendes Kriterium dafür, dass etwas rund wird: die Größe. Ab etwa 100 Kilometern Größe werden Himmelskörper immer runder. Und das funktioniert so: Wenn immer mehr Staubteilchen und Gesteinsbrocken zusammenkleben, dann wird ein Planet immer größer und bekommt immer mehr Masse. Dadurch steigt die Schwerkraft.

Das ist die Kraft, die alles zusammendrückt und auch immer neue Gesteine anzieht. Die kennt ihr schon von der Erklärung zur Erddrehung. Die Schwerkraft drückt die Gesteine zusammen und dabei passiert etwas Besonderes: Es wird warm, ziemlich warm sogar. Genau das passierte auch bei der Entstehung der Erde. Der Gesteinsklumpen wurde immer größer, die Schwerkraft drückte alles immer fester zur Mitte hin zusammen und durch den immer höheren Druck stieg die Temperatur. Es wurde so heiß, dass sogar

Metall und Steine geschmolzen sind. Deshalb besteht die Erde heute aus einem flüssigen Kern und einer dünnen, festen Erdkruste. Zusammengehalten wird alles von der Schwerkraft, weil sie alles zur Erdmitte zieht. Am liebsten mit möglichst geringem Einsatz von Energie. Es gibt für flüssige Körper wie einen Wassertropfen oder eben auch die Erde eine besondere Form, die das möglich macht: die Kugel.

Das könnt ihr mit einem aufgeblasenen Luftballon ausprobieren: Zieht mal an seiner Hülle. Ihr merkt: Um ihn aus der Form zu bringen, müsst ihr Energie, eure Muskelkraft, einsetzen. Lasst ihr los, dann nimmt der Luftballon sofort wieder seine alte, runde Form an.

Die Schwerkraft zieht also alles zur Erdmitte und deshalb ist die Erde rund.

Dass sie aus der Nähe betrachtet anders, nämlich wie ein zusammengedrückter Wasserball aussieht, liegt an einer zweiten Kraft: der **Fliehkraft**. Sie wird auch Zentrifugalkraft genannt.

Wie die Fliehkraft wirkt, könnt ihr testen: Füllt einen kleinen Eimer mit ein bisschen Wasser und geht nach draußen (falls der Versuch nicht klappt, spart ihr euch 'ne Menge Ärger und Putzerei). Jetzt schleudert ihr den Eimer am ausgestreckten Arm möglichst schnell im Kreis. Das Wasser wird auch dann nicht aus dem Eimer fallen, wenn sich dieser mit der Öffnung nach unten direkt über euch befindet. Es ist die Fliehkraft, die das Wasser an den Boden des Eimers drückt.

Weil die Erde sich dreht, gibt es auch hier die Fliehkraft. Sie zieht nach außen, gegen die Schwerkraft, die alles nach innen zieht. Weil die Fliehkraft umso größer ist, je weiter etwas entfernt ist, wirkt sie am stärksten am Äquator. Sie zieht ihn deshalb ein Stück nach außen. In der Region der Pole wird die Fliehkraft schwächer, deshalb ist die Erde dort ein bisschen flacher.

Die Fliehkraft ist allerdings viel schwächer als die Schwerkraft. Deshalb schafft sie es auch nur, die Erde ein bisschen zu verformen.

Wenn aber die Erde am liebsten eine Kugel sein will, warum gibt es dann Berge? Ehrlich gesagt sind die Berge aus Erdsicht ziemlich klein. Das heißt, im Verhältnis zur Größe der Erde sind die Berge nur winzige Beulen in der Kugel. Also: Kleine Beulen und Abflachungen sind erlaubt, aber eigentlich ist die Erde wegen der Schwerkraft **kugelrund**.

Warum haben Hasen so lange Ohren?

Manche eurer Fragen hängen eng miteinander zusammen. In diesem Fall können wir zwei Fliegen mit einer Klappe schlagen: Bei der Beantwortung der Frage nach den langen Hasenohren kann man nämlich gleich erzählen, warum Kaninchen kürzere Ohren als Hasen haben.

Und damit sind wir auch schon mitten im Thema. Hasen und Kaninchen unterscheiden sich in ihrer Lebensweise erheblich. Das Kaninchen gräbt Gänge und Baue in den Boden, während der Hase auf freiem Feld lebt. Er duckt sich bei Gefahr in Mulden, während das Kaninchen in seinem unterirdischen Bau verschwindet.

Da der Hase kein so gutes Versteck hat, muss er sehr gut hören, um früh genug vor Feinden fliehen zu können. Dafür braucht er lange Ohren. Sie funktionieren wie ein Trichter, der die Schallwellen einfängt und bündelt.

Ein großer Trichter fängt mehr Schallwellen ein als ein kleiner Trichter. Deshalb hört der Hase mit seinen langen Ohren schon das kleinste Geräusch und kann schnell flüchten oder sich flach auf den Boden drücken. Praktischerweise kann er die Ohren auch noch unabhängig voneinander bewegen und in jede Richtung drehen. Er kann also rundum lauschen, ob Gefahr droht.

Hase

Kaninchen

Die langen Ohren haben aber noch eine andere Aufgabe: Über sie regelt der Hase seine Körpertemperatur.

Die Haut der Ohren ist sehr dünn und an den Innenseiten fast unbehaart. Durch ihr Gewebe ziehen sich große Blutgefäße. Wenn es dem Hasen zu heiß ist, kann er die überschüssige Wärme über seine großen Ohren abgeben.

An den langen Ohren kann man auch erkennen, woher der Hase ursprünglich kommt: aus heißen Regionen der Erde, den sommerwarmen Steppen in Ost- und Zentraleuropa. Hasen, die in kälteren Regionen leben, wie zum Beispiel der Schneehase, haben kürzere Ohren. Dadurch verlieren sie im Winter weniger Körperwärme.

Ein Kaninchen dagegen kann sich bei zu großer Hitze in seinen kühlen Bau zurückziehen. Es braucht deshalb nicht so große Ohren. Aber auch bei ihm funktioniert die Wärmeregulierung über die Ohren.

Eines ist bei Hasen und Kaninchen gleich: Die Ohren zeigen ihre Stimmung an.

Hoch aufgerichtete Ohren bedeuten, dass sich das Tier sicher und wohlfühlt. Sind die Ohren angelegt, wittert es Gefahr, fühlt sich unsicher und ist fluchtbereit.

Warum regnet es?

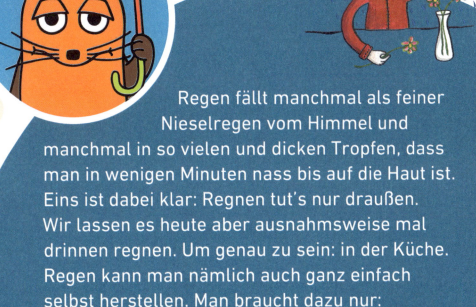

Regen fällt manchmal als feiner Nieselregen vom Himmel und manchmal in so vielen und dicken Tropfen, dass man in wenigen Minuten nass bis auf die Haut ist. Eins ist dabei klar: Regnen tut's nur draußen. Wir lassen es heute aber ausnahmsweise mal drinnen regnen. Um genau zu sein: in der Küche. Regen kann man nämlich auch ganz einfach selbst herstellen. Man braucht dazu nur:

1. einen Topf, am besten mit Glasdeckel
2. Wasser
3. einen Herd und
4. die Eltern (zur Sicherheit)

Füllt den Topf zur Hälfte mit Wasser, Deckel drauf und ab auf den Herd. Die Kochplatte auf die höchste Stufe einstellen und ... warten.

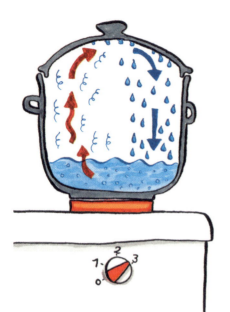

Nach einiger Zeit bildet sich **Wasserdampf**. Er wird immer mehr und steigt immer höher. Bis zum Deckel des Topfes. Und dort entstehen Tropfen – Wassertropfen. Wie Regen fallen sie irgendwann vom Deckel wieder in den Topf. Im Kleinen ist im Topf genau das passiert, was auch draußen vor eurer Haustür passiert: Es regnet.

In der Natur ist alles nur ein bisschen größer. Wasser gibt's reichlich: in Seen, in Flüssen, im Meer, im Boden, aber auch in den Blättern der Pflanzen. All das Wasser passt natürlich in keinen Topf – das wäre ein bisschen eng. Der Topf, das ist in diesem Fall die ganze Erde. Jetzt fehlt nur noch die warme Herdplatte. Dafür sorgt in der Natur die **Sonne**. Sie erwärmt den Boden, die Flüsse, die Seen, das Meer und die Pflanzen. Wie im Topf verdunstet das Wasser durch Wärme. Es bildet sich Wasserdampf. Die warme Luft, angefüllt mit Wasserdampf, steigt nach oben in den Himmel.

Dass das wirklich funktioniert, könnt ihr an einer Pfütze überprüfen. Zeichnet den Rand einer flachen Pfütze auf Asphalt mit Kreide nach. Wenn ihr an einem sonnigen Tag nach einiger Zeit nachguckt, dann ist die Pfütze kleiner geworden. Ein Teil des Wassers ist verdunstet, das heißt, es ist als Wasserdampf in der Luft hochgestiegen.

Die Luft hat **unterschiedliche Temperaturen**. In der Nähe des Bodens ist sie am wärmsten; bei uns im Jahresdurchschnitt so etwa 10 °C. Würde man ein Thermometer in den Himmel steigen lassen, dann könnte man ablesen, dass die Luft immer kälter wird. In zehn Kilometern Höhe sind es ungefähr −50 °C. Dass die Luft immer kälter wird, ist wichtig für die Entstehung des Regens.

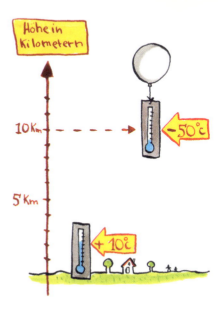

Um das zu verstehen, müssen wir noch einmal zurück zu unserem Wassertopf auf dem Herd. Der Wasserdampf ist auch hier hochgestiegen. Am Deckel hat er sich niedergeschlagen und Tropfen gebildet. Das liegt daran, dass der Deckel des Topfes kälter ist. Wird der Wasserdampf am Deckel abgekühlt, dann bilden sich aus dem Dampf wieder Tropfen. Man sagt auch: Der Wasserdampf wird zu Tropfen verdichtet. Die Verdichtung wird auch **Kondensation** genannt. Kälte macht aus Wasserdampf also Wassertropfen. Im Winter könnt ihr das gut an euch selbst beobachten. Wenn ihr ausatmet, kondensiert die Feuchtigkeit eures Atems in der kalten Winterluft. Es bilden sich »Wassertropfenwölkchen« vor eurem Mund.

Weiter oben im Himmel passiert das Gleiche: Wasserdampf ist aus der Pfütze, dem See, dem Meer, dem Boden oder der Pflanze verdunstet und aufgestiegen. Er steigt immer höher und kommt dabei in immer kältere Luftschichten. Die kalte Luft wirkt wie der Deckel des Topfes. Sie kühlt den Wasserdampf ab. Genau genommen fehlt jetzt noch eine wichtige Kleinigkeit: Das Wasser muss sich an etwas festhalten können, damit aus Wasserdampf Tropfen werden. Es sind kleine Staubteilchen, an denen das Wasser kondensiert. So bilden sich Tropfen. Kleine Tropfen zuerst. Das sind dann der Nebel oder die Wolken, die wir sehen können. Eine Wolke kann riesengroß sein.

Sie kann von einem Kilometer über dem Boden durchgehend bis zehn Kilometer in den Himmel reichen. Solche Wolken heißen **Cumulonimbuswolken** – ein schweres Wort. Ein Kilometer über der Erde ist die Temperatur der Luft im Sommer noch über 0 °C. Dort besteht die Wolke aus kleinen Wassertröpfchen. Oben, in zehn Kilometern Höhe, herrschen −50 °C. Dort sind die Tröpfchen zu Eiskristallen gefroren. Der Regen entsteht genau in der Region dazwischen: in dem Bereich der Wolke, wo die Temperatur zwischen 0 °C und −20 °C liegt. In dieser Schicht liegen Wassertröpfchen und Eiskristalle nebeneinander.

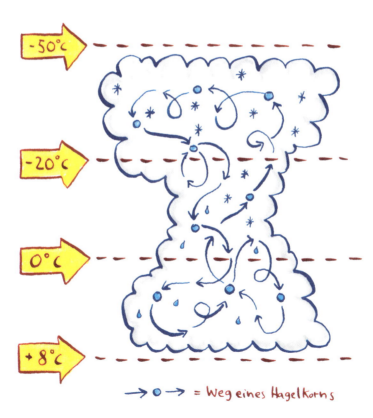

Eiskristalle wachsen in der feuchten Luft schneller als die Wassertropfen. Sie werden dadurch schwerer und schwerer. Schwere Teilchen fallen schneller nach unten, Richtung Erde, und sammeln unterwegs weitere Wassertropfen ein.

Auf ihrem Weg zur Erde tauen die Eiskristalle auf. Und zwar dann, wenn sie in Luftschichten kommen, die wärmer als 0 °C sind. Im Sommer ist das schon in drei Kilometern Höhe der Fall, im Herbst erst kurz über der Erdoberfläche, so ungefähr in einem Kilometer Höhe. Die geschmolzenen Eiskristalle sind nichts anderes als Wassertropfen: Regen, der vom Himmel fällt.

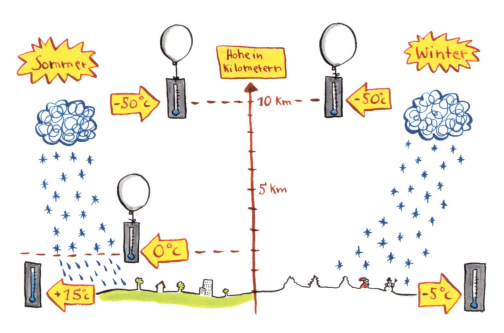

Nur im Winter, wenn die Temperatur der Luft bis zum Boden unter 0 °C liegt, behalten die Eiskristalle ihre Form und fallen als Schnee auf die Erde.

Regentropfen sind also Eiskristalle, die in der kalten Luft der Wolke entstehen und auf dem Weg zum Boden wieder auftauen.

Aber wie so oft gibt es keine Regel ohne Ausnahme. Manchmal geht's nämlich auch ohne Eiskristalle. Regen entsteht in einer Wolke auch, indem immer mehr Wasserdampf in die Luft steigt. Die Luft wird dadurch immer voller mit lauter Wassertröpfchen. Einige der Tröpfchen sind größer als die anderen und beginnen zu fallen. Auf ihrem Weg nehmen sie andere Tropfen mit. Es regnet. In unseren Breiten kommt dabei aber nicht mehr als Nieselregen heraus.

Also merken: Richtig dicke Regentropfen und Schnee entstehen nur aus Eiskristallen.

Nieselregen, für den ihr nicht einmal einen Schirm braucht, kann sich auch aus Wassertröpfchen entwickeln.

So, Experiment beendet. Ihr könnt die Herdplatte wieder ausschalten und eure Eltern dürfen die Küche auch wieder verlassen.

Wie kommen die Löcher in den Käse?

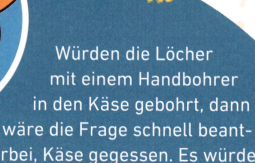

Würden die Löcher mit einem Handbohrer in den Käse gebohrt, dann wäre die Frage schnell beantwortet. Aus, vorbei, Käse gegessen. Es würde sich allerdings eine neue Frage anschließen: Wer verschließt all die Bohrlöcher in der Rinde des Käses wieder? Von außen sind die Löcher im Käselaib nämlich nicht zu erkennen. Da es den staatlich geprüften Käselöcherverschließer nicht als Beruf gibt, können wir diese Lösung ausschließen.

Es hilft nichts, wir müssen an die Quelle der Löcherherstellung: in eine Käserei. Am besten in eine, in der Emmentaler hergestellt wird. Der hat nämlich besonders große Löcher. Als Erstes stößt man in der Käserei auf große Bottiche voller Milch. Für ein Kilo Käse braucht man ungefähr 13 Liter Milch. Weil hier in der Käserei Hunderte Kilo Käse hergestellt werden, braucht man entsprechend viel Milch.

Milch besteht vor allem aus Wasser, Fett, Eiweiß, Mineralstoffen und Milchzucker.

Als Erstes muss die Milch gerinnen, das bedeutet eindicken. Wenn man frische Milch ein paar Tage stehen lässt, macht sie das von ganz allein. Aus Milch wird Quark.

Bei der Käseherstellung soll's schneller gehen und deshalb werden **Bakterien** und **Lab** zur Milch gegeben.

Durch Bakterien und Lab **gerinnt** das Eiweiß in der Milch. Das bedeutet, es schließt sich zu immer größeren Bröckchen zusammen. Dabei trennt sich die Flüssigkeit ab. Sie heißt **Molke**. Das geronnene Eiweiß soll aber nicht zu großen Klumpen werden. Deshalb dreht sich in den Milchbottichen die ganze Zeit ein Gerät, das die Eiweißbröckchen mit feinen Drähten zerschneidet: die Käseharfe. Was man am Ende dieser Prozedur aus dem großen Bottich schöpfen kann, ist schon Käse. Er heißt **Käsebruch** und ähnelt dem Frischkäse, den man im Laden kaufen kann.

Der Käsebruch hat aber noch keine Löcher. Die müssen später hineinkommen … Als Nächstes wird der Käsebruch in eine Form mit Löchern in den Wänden gegossen: ein Sieb also. Aus dem Sieb läuft die Molke

erst heraus. Der Rest wird dann rausgepresst. Dann erst wird der fertige Käselaib aus der Form geholt und nimmt sein erstes Bad: in Salzwasser. Das Salzwasser lässt die letzte Molke austreten, verbessert den Geschmack, schützt den Käse vor dem Verschimmeln und führt dazu, dass er eine harte Rinde bekommt. Dann kommt der Käse in einen kühlen Keller. Dort reift er mehrere Monate.

Hier im Käsekeller müssen wir bleiben, wenn das Rätsel um die Löcher im Käse endlich gelöst werden soll. Man kommt dem Geheimnis auf die Spur, wenn zwei Käse zum Vergleich angeschnitten werden: ein junger, ungereifter und ein gelagerter, ausgereifter Emmentaler. Nach dem Anschneiden sieht man, dass nur der reife Emmentaler Löcher hat.

Das bedeutet also: Die Löcher kommen erst bei der Reifung in den Käse. Aber nicht von außen. Alles, was dafür nötig ist, ist schon im Käse drin. Das Wichtigste dabei: die Bakterien, die ganz am Anfang in die Milch geschüttet wurden. So sehen sie unter einem Mikroskop aus:

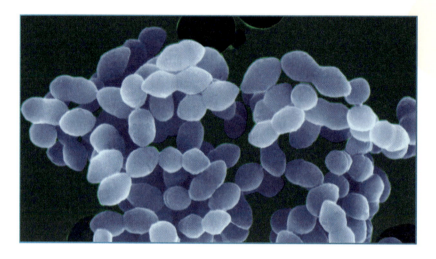

Die Bakterien ernähren sich von Milchzucker. Wenn sie ihn verdauen, dann kommt dabei unter anderem Kohlendioxid heraus. Das ist ein Gas. So wie der Sprudel in der Wasserflasche. Beim Wasser kann das Gas entweichen. Die Käsemasse ist aber so fest, dass das Kohlendioxid hier nicht mehr rauskommt. Es bildet deshalb im Käse Blasen. Je mehr Bakterien im Käse sind, desto größer werden die Blasen. In einem Laib Emmentaler sind ungefähr 1.100 Blasen. Ganz schön verfressen, diese kleinen Bakterien!

> Heißt Weingummi »Weingummi«, weil Wein drin ist oder weil man früher davon weinen musste?

Die Antwort auf den letzten Teil der Frage kommt ausnahmsweise mal zuerst: Wenn der Weingummi seinen Namen daher hätte, dass man davon weinen muss, dann würde vermutlich niemand Weingummi kaufen. Und wahrscheinlich hätten dann längst alle Weingummihersteller Pleite gemacht. Da das aber nicht der Fall ist, kommt die Lösung nicht infrage. Tja, ob Wein drin ist ... jein!

Wäre Wein, also Alkohol drin, dann wären Weingummis für Kinder nicht erlaubt. Sind sie aber. Also kann kein Wein drin sein. Aber Wein wird aus Weintrauben gemacht. Und etwas, was im Weingummi ist, das wird auch aus Weintrauben hergestellt. Es ist die **Weinsäure**.

Wie der Name schon sagt: Weinsäure ist sauer. Sie verändert aber nicht nur den Geschmack des Weingummis, sondern macht ihn auch länger haltbar. Neben diesen beiden nützlichen Eigenschaften hat sie noch eine dritte: Man kann durch sie den Weingummi vom Fruchtgummi unterscheiden.

In Fruchtgummis ist nämlich meist Fruchtsäure, zum Beispiel Zitronensäure, während Weingummis Weinsäure enthalten.

Also, ihr könnt beruhigt sein, Weingummi essen ist eine sichere Sache: Man muss davon weder weinen noch wird man betrunken. Die einzige Gefahr: Man kann mit dem Naschen einfach nicht mehr aufhören …

Warum können Schiffe schwimmen?

Wenn ihr jetzt gerade an einem Fluss, Meer oder See liegt und dieses Buch lest, dann ist alles ganz einfach. Für alle anderen empfehlen wir, schon mal die Badewanne einlaufen zu lassen. Denn um zu klären, warum ein Schiff schwimmt, muss man ein paar Dinge ausprobieren – und dafür braucht man Wasser.

Beginnen wir mit einem kleinen Versuch: Legt nacheinander eine Feder, eine Münze, einen dicken Ast, ein Blatt und einen Stein auf die Wasseroberfläche und guckt, welche Dinge schwimmen. Liegt es vielleicht am **Gewicht**, dass manches vom Wasser getragen wird und anderes untergeht? Die Feder schwimmt, der Stein geht unter. Passt! Aber der schwere Ast wird getragen und die viel leichtere Münze versinkt. Passt nicht!

Das Gewicht allein kann also nicht der Grund dafür sein, dass manche Dinge vom Wasser getragen werden und andere nicht.

Das könnt ihr mit einer Küchenwaage und Alufolie nachprüfen. Dazu legt ihr ein größeres Stück Alufolie auf die Waage. Es wiegt ungefähr vier Gramm. Faltet daraus ein Schiff, so wie die Papierschiffchen, die ihr sicher kennt, und setzt es vorsichtig auf das Wasser. Das Schiff schwimmt. Nehmt es wieder aus dem Wasser, trocknet es ab und knüllt es ganz fest zusammen. So fest, dass keine Luft mehr dazwischen ist. Trampelt dann darauf herum oder klopft es mit einem Hammer platt. Die Aluminiumfolie ist jetzt eine flache Platte. Wenn ihr sie auf die Waage legt, seht ihr, dass sie immer noch gleich viel wiegt wie am Anfang: ungefähr vier Gramm. Wenn ihr dieses platte Aluminiumstück auf das Wasser legt, dann geht es unter.

Vier Gramm Aluminium können also schwimmen, aber auch untergehen. Das Gewicht allein ist also nicht dafür entscheidend, ob etwas schwimmt oder nicht. Es braucht noch etwas anderes. Faltet noch einmal ein Schiff aus ungefähr vier Gramm Aluminiumfolie und stellt es neben die Aluminiumplatte. Ihr seht sofort, dass das Schiff größer ist. Die Folie, die zum Boot gefalzt ist, umschließt viel mehr Luft. Man sagt auch: Das Schiff hat ein größeres Volumen.

Wird die Alufolie eng zusammengeknüllt, dann ist weniger Platz für Luft. Alles ist viel dichter.

Und genau hier liegt der Unterschied: Ob etwas schwimmt, hängt von seiner Dichte ab.

Die Dichte ist das Verhältnis von Gewicht zu Volumen. Hat etwas ein großes Gewicht, dann muss es auch ein großes Volumen haben, um vom Wasser getragen zu werden.

Der Stein zum Beispiel hat für sein Gewicht ein zu kleines Volumen. Oder anders gesagt, er hat eine zu große Dichte, um zu schwimmen. Auch das Wasser hat eine bestimmte Dichte.

Die Regel ist einfach: Alles, was eine geringere Dichte als Wasser hat, wird getragen, und alles, was eine größere Dichte hat, geht unter.

Dass diese Regel stimmt, sieht man an Schiffen. Ihr Gewicht ist groß, schließlich sind viele von ihnen aus Stahl. Aber ihr Volumen ist auch sehr groß. Die Schiffbauer achten darauf, dass das Verhältnis stimmt. Je größer das Gewicht ist, desto größer muss das Volumen sein. Dann ist die Dichte des Schiffes kleiner als die von Wasser und es schwimmt.

Entsteht das Schnurren in der Katze wirklich mechanisch? Und was passiert, wenn man an ihrem Schwanz dreht? Wir haben es ausprobiert. So viel vorweg: Ihr solltet den Versuch nicht nachmachen. Die Katze hat nicht geschnurrt – dafür aber gebissen, gekratzt und dann ist sie weggelaufen. Sie hat sich also nicht wohlgefühlt. Kein Wunder. Katzen schnurren nur, wenn sie sich gaaanz wohlfühlen und friedlich gestimmt sind. Nicht wenn sie geärgert werden.

Katzen schnurren beim Ein- und Ausatmen. Dabei sind die Stimmbänder im Kehlkopf der Katze entspannt. Die Atemluft streicht über die lockeren Stimmbänder und bringt sie zum Vibrieren. Sie bewegen sich also schnell hin und her.

Das Vibrieren der Stimmbänder bringt die Luft im Kehlkopf zum Schwingen. Dabei entstehen Schallwellen. Diese hören wir als Töne – Schnurrtöne.

Normalerweise macht eine Katze 24 Atemzüge pro Minute. Beim Schnurren atmet sie schneller und oberflächlicher, nämlich 46-mal in einer Minute.

Schnurren kann man nicht nur hören, man kann es auch fühlen, denn der ganze Katzenkörper vibriert mit.

Der Ton entsteht also in der Katze und zum Schnurren bringt man eine Katze natürlich nicht, indem man ihr den Schwanz verdreht. Mit Streicheln kommt man schneller ans Ziel.

Warum hat man zuerst Milchzähne und warum fallen sie aus?

Zählt man zuerst bei einem Kind und dann bei einem Erwachsenen die Zähne, ergibt sich ein großer Unterschied: Zwölf Zähne mehr sind's beim Erwachsenen. Und größer sind sie auch.

Wenn ein Baby etwa sechs Monate alt ist, kommen die ersten Milchzähne. Und mit ungefähr zweieinhalb Jahren stehen schon 20 kleine Zähne im Kiefer. Die bleiben da bis etwa zum sechsten Geburtstag – dann beginnen sie zu wackeln und fallen aus. Recht schnell wächst Ersatz nach: die zweiten, bleibenden Zähne.

Aber könnte man nicht einfach die Milchzähne ein Leben lang behalten? Das würde immerhin eine Menge Schmerzen beim Zahnwechsel ersparen. Leider nicht, denn wenn ein Kind wächst, dann wachsen alle Teile des Körpers, die Füße genauso wie der Oberkörper und auch der Kiefer. Und genauso, wie man mit sechs Jahren nicht mehr seine ersten Schuhe tragen kann, weil sie viel zu klein sind, genauso kann man irgendwann seine ersten Zähne nicht mehr gebrauchen. Die wachsen nämlich nicht mit und sind für den größeren Kiefer einfach irgendwann zu klein. Deshalb fallen sie aus.

Dabei passiert etwas Interessantes. Ein Zahn besteht immer aus zwei Teilen: der Zahnkrone, das ist der obere Teil, den man im Mund sehen kann, und der Wurzel. Die sitzt im Kiefer und hält den Zahn fest.

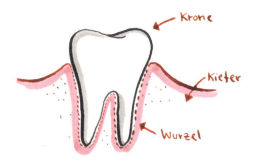

Guckt man sich einen ausgefallenen Milchzahn näher an, dann sieht man, dass der ausgefallene Zahn keine Wurzel mehr hat. Deshalb konnte er sich im Kiefer auch nicht mehr festhalten. Die Wurzel des Zahns ist schon im Kiefer abhandengekommen.

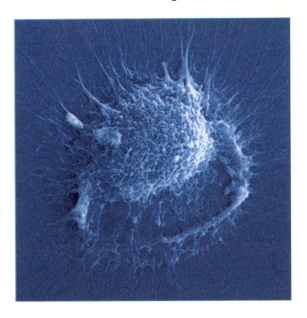

Schuld daran sind diese kleinen Gesellen: Das sind sogenannte Fresszellen. Sie heißen Osteoklasten. Bevor sie allerdings anfangen zu fressen, brauchen sie einen Anstoß. Den bekommen sie vom nachfolgenden, neuen Zahn. Der ist nämlich schon im Kiefer drin, wenn der Milchzahn ausfällt. Wenn er groß genug ist, dann »stupst« er die Fresszellen an und die machen sich über die Wurzel des Milchzahns her. Dadurch wird der locker und fällt schließlich aus. Die Wurzeln der zweiten, neuen Zähne sind nicht durch die Fresszellen gefährdet, denn es gibt keine dritten Zähne im Kiefer.

Die Milchzähne fallen also aus, weil sie zu klein sind und im größeren Kiefer durch größere Zähne ersetzt werden.

Und weil nun auch mehr Platz im Kiefer ist, wachsen nicht nur größere Zähne nach, sondern auch gleich zwölf mehr.

Im Kindergebiss sind die Milchzähne sehr wichtig. Nicht nur zum Abbeißen werden sie gebraucht, sie halten auch den Platz für die zweiten Zähne frei. Hätte der Mensch während der ersten Lebensjahre keine Zähne, würde sich sein Kiefer verformen und es wäre nicht genug Platz da, wenn die großen Zähne endlich wachsen. Ohne Zähne könnten die Menschen auch nicht richtig sprechen.

Milchzähne gibt es übrigens nicht nur bei uns Menschen. Auch Hunde, Katzen, Pferde, Kühe und viele andere Tiere haben sie und verlieren sie natürlich auch. Davon merkt man allerdings meist nichts, weil die Tiere diese Zähne einfach herunterschlucken oder ausspucken.

Wie entstehen Blitz und Donner?

Früher glaubte man, dass die Götter für Blitz und Donner zuständig sind. Wenn sie zornig auf die Menschen waren, schleuderten sie Blitze vom Himmel und schickten ihr Grollen hinterher. Eine Strafe der Götter, dachten die Menschen. Und das dachten sie lange. Das Geheimnis, wie Blitze wirklich entstehen, konnte erst vor rund 270 Jahren gelüftet werden. Mit Göttern hat die Auflösung allerdings nichts zu tun.

Vielmehr mit **Elektrizität** und **Wolken**. Und zwar mit denselben Wolken, die auch für den Regen zuständig sind und diesen sonderbaren Namen haben, den man sich kaum merken kann: **Cumulonimbuswolken**.

Aber weil es auch um Elektrizität geht, müssen wir vorab noch einen kurzen Schlenker machen. Elektrizität kennt ihr von zu Hause. Aus der Steckdose kommt **elektrischer Strom**. Der bringt zum Beispiel eine Lampe zum Leuchten. Wenn ihr in Schuhen mit Kunststoffsohlen über einen Teppich gelaufen seid und danach einem Freund die Hand gebt, dann bekommt ihr manchmal einen kleinen elektrischen Schlag, sozusagen einen Miniblitz. Strom kann also fließen: von der Steckdose zur Lampe und von euch zu einem Freund. Dass er das tut, liegt an den **Atomen**.

Das sind kleine Teilchen, die aus einem Kern und vielen darum kreisenden Elektronen bestehen. Während der Kern eine positive Ladung hat (»+«), sind die Elektronen negativ geladen (»–«).

Mit etwas Energie kann man die Elektronen aber aus ihrer Bahn werfen. Zum Beispiel durch **Reiben**. Reibt euer Schuh beim Gehen über den Teppich, dann entsteht Energie, die so stark ist, dass sie die negativ geladenen Elektronen aus ihrer Bahn wirft. Das Atom hat dann mehr positive als negative Ladung. Da sich Atome aber am wohlsten fühlen, wenn die Ladungen ausgeglichen sind, wollen die Elektronen wieder zurückspringen. Und wenn sich die Gelegenheit bietet, dann tun sie das auch. Das geschieht zum Beispiel, wenn ihr eurem Freund die Hand gebt. Bei dem Miniblitz zwischen euren Händen fließen Elektronen und so gleichen sich die positiven und negativen Ladungen wieder aus.

In einer Gewitterwolke passiert im Prinzip das Gleiche. Aus der Erklärung zum Regen wisst ihr, dass Wasserdampf von der Erde nach oben steigt. In der Wolke kühlt er sich ab und es bilden sich Wassertröpfchen und Eiskristalle. Dabei kühlt sich wiederum die Luft ab und sackt in der Wolke nach unten. Von der Erdoberfläche kommt aber immer neue warme Luft nach und so entsteht in der Wolke ein richtiger Sturm. Dabei passiert eine Menge: Eiskristalle und Wassertropfen stoßen zusammen, reiben sich, einige Eiskristalle platzen und andere entstehen neu. Dadurch entsteht Energie. Energie, die nötig ist, um die Elektronen aus ihrer Bahn zu werfen.

Dadurch teilt sich die Ladung in der Wolke: Die negativen Elektronen sammeln sich überwiegend im unteren Teil der Wolke, die positiven Teilchen im oberen Bereich.

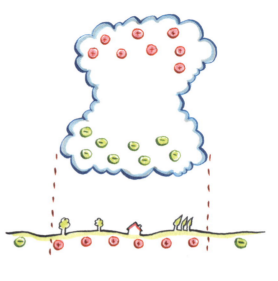

Je länger das dauert, umso mehr negative Ladung sammelt sich im unteren Bereich der Wolke. Und das, obwohl die Atome den neutralen Zustand doch am meisten lieben. Also wird Ausgleich gesucht. Die Erdoberfläche ist unter der Wolke meist positiv geladen und was passt besser zu plus als minus? Nichts! Also entlädt sich die aufgestaute Spannung. **Strom fließt zwischen Wolke und Erdoberfläche.** Erst entsteht ein kleiner Vorblitz von der Wolke zur Erde, der eine Schneise durch die Luft schlägt. Von der Erde aus gibt es eine Entladung zurück zur Wolke und gleichzeitig den Hauptblitz, bei dem die negative Ladung von der Wolke zum Boden gelangt. So kommt es zum Ausgleich zwischen positiver und negativer Ladung zwischen Erde und Wolke.

Was man als Blitz sieht, ist glühende Luft. Beim Austausch der Ladungen wird so viel Energie frei, dass sich die Luft auf 30.000 °C erhitzt. Weil die Luft im Inneren des Blitzes plötzlich so heiß wird, dehnt sie sich explosionsartig aus. Sie drückt die kältere Luft außerhalb des Blitzes zusammen. Dieses Zusammendrücken der Luft erzeugt Wellenbewegungen – Schallwellen. Es knallt. Auf der Erde ist dieser Knall als Donner zu hören. Weil Licht schneller als der Schall ist, sehen wir immer erst den Blitz und hören danach den Donner.

Wie weit ein Gewitter entfernt ist, könnt ihr ganz leicht berechnen. Zählt einfach die Sekunden zwischen Blitz und Donner und teilt das Ergebnis durch drei. Die Zahl gibt an, wie viele Kilometer das Gewitter entfernt ist.

Dass der Blitz zickzackförmig aussieht, liegt an der Luft. Sie ist kein besonders guter Leiter für Elektrizität. Trotz seiner hohen Energie kann der Strom nicht den direkten, geraden Weg zur Erde nehmen, sondern muss Umwege gehen. Dort entlang, wo gerade der geringste Widerstand in der Luft ist. Und diesen Weg zeigen die Zickzacklinien am Himmel.

Tja, vom göttlichen Einfluss auf Blitz und Donner ist nichts übrig geblieben. Aber weil die Menschen so lange daran geglaubt haben, gibt's immerhin noch kleine Überreste. Der germanische Donnergott »Donar« gab dem Donnerstag seinen Namen, was aber nicht heißt, dass es nicht auch freitags blitzen und donnern kann.

Ein Maulwurf ist nur etwa 16 Zentimeter lang. Dafür, dass er so klein ist, kann der Kerl ganz schön tief graben! Wie tief genau, hängt davon ab, ob man sein Gangsystem im Winter oder im Sommer anguckt und welchen Teil man sich besonders genau anschaut.

Der Maulwurf lebt fast immer unter der Erde. Deshalb hat er dort unten alles, was er zum Leben braucht – in unterschiedlichen Höhen. Ziemlich tief liegt sein **Hauptnest, der Kessel**. Er befindet sich ungefähr 50 bis 80 Zentimeter unter der Erde und ist mit Laub und Moos gepolstert. In diesem kuscheligen »Wohnzimmer« schläft er und das Weibchen bringt in diesem Nest ihre Jungen zur Welt. Oft hat der Maulwurf noch ein paar kleinere Nester darum herum. Sie liegen ungefähr auf gleicher Höhe.

Alle Nester sind durch Gänge miteinander verbunden. Es gibt Laufgänge und Jagdgänge.

Die Laufgänge verbinden die verschiedenen Bereiche. Sie haben geglättete Wände, damit der Maulwurf schnell hindurchkommt. In den Jagdgängen lauert er auf Beute. Sie sind ungeglättet und liegen oft knapp unter der Erdoberfläche, manchmal nur zehn Zentimeter tief. Im Sommer reichen sie meist nicht tiefer als 40 Zentimeter in den Boden.

Ein Maulwurf ernährt sich von Insekten, Regenwürmern, Schnecken und anderen Kleintieren. Er wiegt durchschnittlich 100 Gramm und frisst jeden Tag auch 100 Gramm Kleintiere, also so viel wie sein eigenes Körpergewicht.

Weil der kleine Kerl so viel futtert, braucht er auch ein großes Jagdrevier. Deshalb sind die Gänge insgesamt 200 Meter lang. Läuft die Jagd gut, sammelt er Regenwürmer in seinen **Vorratskammern**, für schlechte Zeiten. Auch die Vorratskammern befinden sich knapp unter der Erdoberfläche.

Im Winter sieht die Sache etwas anders aus. Es gibt weniger Insekten und Kleintiere, deshalb muss der Maulwurf tiefer graben, um genug Futter zu finden. Die Jagdgänge reichen dann bis in eine Tiefe von 120 Zentimetern.

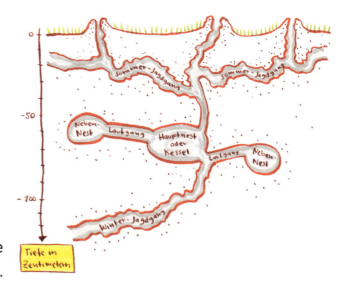

Sein langes Gangsystem kann man auf Wiesen gut erkennen: an den Maulwurfshügeln. Bei seinen Bauarbeiten wirft er die überschüssige Erde auf die Wiese. Ungefähr in der Mitte jedes Hügels liegt ein Gang. Dadurch kommt Luft auch in die unterirdischen Gänge.

Es macht deshalb keinen Sinn, die Hügel platt zu klopfen. Der Maulwurf wirft sie schnell wieder auf, schließlich braucht er frische Luft.

> Warum stechen Mücken und wieso jucken Mückenstiche?

Eigentlich gehört zu den zwei Fragen noch eine dritte: »Warum werde immer nur ich gestochen?« Diese Frage beantworten wir auch, aber so viel vorweg: Ändern wird sich dadurch nichts.

Mücken stechen nicht, weil sie sich von Blut ernähren. Ihre Nahrung sind Nektar und Fruchtsaft. Sie stechen aus einem anderen Grund: Die Mückenweibchen benötigen Eiweiße, sogenannte Proteine, um ihre Eier zu bilden. Blut enthält diese Proteine. Mücken stechen also, weil sie Blut brauchen, um Nachwuchs zu bekommen. Mückenmännchen bilden keine Eier, brauchen entsprechend kein Blut und stechen deshalb auch nicht.

Mückenweibchen stechen nicht nur Menschen, sondern auch Säugetiere, Vögel, Reptilien (wie Schlangen) und Amphibien (wie Frösche). Hat eine Mücke ihr Opfer gefunden, dann bohrt sie ihren **Saugrüssel** in die Haut. Der Saugrüssel hat scharfe Klingen und damit erreicht die Mücke ihr Ziel, ein Blutgefäß, schnell.

Damit wir von der Bohrung nichts merken, sondert die Mücke mit ihrem Speichel ein bisschen Betäubungsmittel in die Haut ab. Der Speichel der Mücke verhindert auch, dass das Blut gerinnt. Das heißt, das Blut verklumpt nicht. So kann der Saugrüssel der Mücke nicht verstopfen. Und der Speichel kann noch etwas: Er erweitert das Blutgefäß. Das bedeutet, es wird an dieser Stelle größer. Dadurch strömt mehr Blut zur Einstichstelle und die Mücke kann schneller trinken. Nach ungefähr zweieinhalb Minuten hat sie **genug Blut gesaugt und fliegt weg.**

Der Stich juckt meist erst dann, wenn die Übeltäterin schon wieder weg ist. Es juckt, weil das Abwehrsystem des Körpers den Mückenspeichel als Fremdkörper erkennt und bekämpft. Deshalb wird der Stich auch rot und schwillt an.

Es stimmt, Mücken stechen manche Menschen ganz besonders gern. Das liegt am Geruch und vielleicht auch an der Körpertemperatur. Einige Menschen sind nämlich ein kleines bisschen wärmer als andere. Und jeder Mensch riecht anders. Mücken stehen anscheinend auf ganz bestimmte Gerüche. Welche genau, weiß man noch nicht, aber Schweiß und der Geruch verfaulender Bakterien sollen besonders anziehend wirken. Das klingt fies, aber wir schwitzen alle und Bakterien sind auch auf der Haut jedes Menschen. Menschen, die gestochen werden, sind deshalb nicht dreckiger. Man wird aber kaum weniger gestochen, wenn man sich ständig wäscht, denn der Körper produziert bald wieder seine typischen Ausdünstungen.

Ein kleiner Trost für alle, die besonders oft gestochen werden: Ihr müsst unheimlich gut riechen – jedenfalls aus Mückensicht!

Wer hat die Schule erfunden?

Geniale Erfinder gibt's eine Menge: Sie haben das Auto, den Computer und auch den Füller, mit dem ihr schreibt, erfunden: Ihre Namen kennt man. Aber wer genau die Schule erfunden hat, das kann keiner sagen. Es kommt auch ein bisschen darauf an, was man unter Schule versteht. Eine Schule mit Schulpflicht für alle, wie die, in die ihr heute geht, gibt's noch gar nicht so lange. Lernen mussten die Kinder jedoch schon immer. Ganz früher, in der Steinzeit, gab es dafür aber noch keine Schule. Damals haben die Kinder alles, was sie zum Leben brauchten, von ihren Eltern gelernt: jagen, Beeren sammeln und einfache Werkzeuge herstellen.

Die ersten richtigen Schulen gab es vor rund 5.000 Jahren. Bei den Sumerern. Das war ein Volk, das in Mesopotamien lebte. Ein Gebiet, in dem heute der Irak und Syrien liegen. Die Kinder gingen zur Schule in einen Raum, in dem Tontafeln standen. Füller und Papier gab es damals noch nicht und deshalb ritzten sie Schriftzeichen und auch ihre Rechenaufgaben in den Ton. Nach diesen Tontafeln war auch der Schulraum benannt: Er hieß »Tafelhaus«, auf sumerisch »Edubba«. In der Edubba gab es Lehrer. Die Kinder lernten zu dieser Zeit nicht mehr nur von ihren Eltern. Die Lehrer unterrichteten Lesen, Schreiben, Rechnen, Astronomie und Musik. Elf Stunden am Tag und an sechs Tagen in der Woche.

Von den Griechen haben wir den Namen für »Schule« übernommen. Sie nannten diesen Ort **»scholé«**. Ursprünglich bedeutete das »Müßiggang« oder »Nichtstun«. Es bedeutet aber auch »Muße«, das heißt sich Zeit nehmen, zum Beispiel zum Nachdenken. Das musste man in der Schule nämlich auch. Außer Schreiben, Lesen und Rechnen gab es Fächer wie Philosophie, Dichtkunst, Geschichtsschreibung und Redekunst. Auch Sport wurde damals viel unterrichtet.
Zur Schule gingen vor ungefähr 3.000 Jahren nur die Söhne der reichen Griechen. Also, Schule gab's zwar, aber längst nicht für alle Kinder. Die Römer übernahmen die Idee der Schule von den Griechen vor etwa 2.500 Jahren. Kinder zwischen sieben und elf Jahren

gingen in die Elementarschule. Sie lernten dort lesen, schreiben und rechnen. In der römischen Schule ging es sehr streng zu: Wer nicht gehorchte, bekam Schläge. Mit dem Zerfall des Römischen Reiches war auch mit der Schule erst einmal Schluss. Erst 250 Jahre später gab's wieder Unterricht. Allerdings nur für wenige Schüler und in Klosterschulen. Neben Lesen, Schreiben und Rechnen lernten die Kinder dort vor allem gute Christen zu sein.

Erst vor rund 300 Jahren haben die Preußen eine »Schul-Pflicht« eingeführt. Der preußische König war verärgert darüber, dass viele Eltern ihre Kinder nicht zur Schule schickten und die Kinder deshalb in großer »Unwissenheit« aufwuchsen. Er meinte damit: nicht rechnen, schreiben und lesen konnten. Er sorgte dafür, dass mehr Schulen gebaut wurden, und drohte den Eltern mit Strafe, wenn sie ihre Kinder nicht in die Schule brachten. Da es aber nicht überall Schulen gab und sich viele auch nicht daran hielten, gingen noch lange nicht alle Kinder zur Schule.

Erst seit 1919 gibt es in Deutschland die gesetzlich festgelegte Pflicht zum Besuch in der Volksschule. Nun durften und mussten alle Kinder acht Jahre lang zur Schule gehen. Es ging in den Schulen zwar immer noch wesentlich strenger als heute zu, aber das war der Beginn der Schule, wie ihr sie heute kennt.

Warum haben Zebras Streifen?

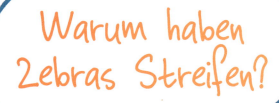

Es liegt nicht daran, dass eine weiße Stute und ein schwarzer Hengst ein Fohlen gezeugt haben. Es gibt zwar gescheckte Pferde, die haben dann schwarze und weiße Flecken, aber gestreift werden sie nie. Und natürlich sind Zebras auch keine schwarz-weiß angemalten Pferde. Sie sind Wildtiere und würden dabei nicht still stehen. Bleibt nur noch eins: Zebras haben ihre Streifen von Natur aus. Denn das Streifenmuster hat mehrere Vorteile. Ob diese aber der Grund für die Streifen sind, wissen auch Experten nicht so ganz genau.

Hier sind **drei gute Gründe**, um in der freien Natur Streifen zu tragen:

1. In Afrika lebt nicht nur das Zebra, sondern auch die **Tsetsefliege**. Sie kann mit ihrem Stich die lebensgefährliche Schlafkrankheit übertragen. Insekten wie die Tsetsefliege haben Facettenaugen. Diese sind anders aufgebaut als das menschliche Auge. Einfarbige Tiere kann das Insekt gut sehen, aber Streifen sind nicht klar zu erkennen. Deshalb bleiben die Zebras von ihrem gefährlichen Stich verschont.

2. Ein Zebra ist aus der Nähe betrachtet durch seine Streifen sehr auffällig. Das ändert sich, wenn in der Hitze Afrikas die Luft zu flirren beginnt und eine Gruppe Zebras etwas weiter entfernt im hohen Gras steht. Dann **verschwimmen die Streifen** mit dem Hintergrund und die Zebras sind kaum noch zu erkennen. Die Streifen dienen also der Tarnung, um die Zebras vor Feinden wie zum Beispiel dem Löwen zu schützen.

3. Kein Zebra gleicht dem anderen. Jedes Tier hat sein ganz **persönliches Streifenmuster**. Dadurch erkennt das Zebrafohlen auch seine Mutter und jedes Tier in der Herde weiß, mit wem es gerade zu tun hat.

Morgens, mit der Zahnbürste im Mund, ist ein guter Zeitpunkt, um darüber nachzudenken, wie eigentlich die Streifen in die Zahnpasta kommen. Diese Streifen sind alle gleichmäßig breit und haben verschiedene bunte Farben.

Damit es gestreift aus der Tube herauskommt, müssen
die Farben zur weißen Zahnpasta hinzugemischt
werden. Weiße Zahnpasta mit roten Streifen besteht
deshalb aus weißer und rot gefärbter Zahnpasta. Als
Erstes wird die Zahnpasta in die am hinteren Ende
offene Tube gefüllt, erst rot und dann weiß. Mit einem
speziellen Trick wird aus diesen getrennten Farben
später gestreifte Zahnpasta. Um hinter den Trick zu
kommen, haben wir mal eine Zahnpastatube aufge-
schnitten. Vorne unter dem Deckel ragt ein ungefähr
zwei Zentimeter langes Röhrchen in das Tubeninnere.
Ungefähr so weit, wie die rote Zahnpasta reicht.

Guckt man sich das Röhrchen von vorne an, kann man
noch etwas entdecken: Es besteht aus einer großen,
runden Mittelöffnung, an deren Seite schmale Gänge
verlaufen. Am Ende der Gänge sind kleine Löcher.
Diese enden dort, wo die rote Zahnpasta in der Tube
ist. Drückt man von hinten auf die Tube, dann verteilt
sich der Druck gleichmäßig. Deshalb kommt sowohl
weiße Zahnpasta durch den großen Mittelkanal als
auch etwas rote Zahnpasta durch die schmalen Gänge.
Vorne am Ausgang vereinigen sich die beiden Farben
zu einem gestreiften Strang.

Es gibt aber auch Zahnpastatuben, bei denen zwei oder
drei verschiedene Zahnpastafarben direkt gleichzeitig
eingefüllt werden. Dann sind die Streifen sozusagen
schon vorher da und bilden sich nicht erst beim
Herausdrücken.

Wie machen Spinnen ihr Spinnennetz?

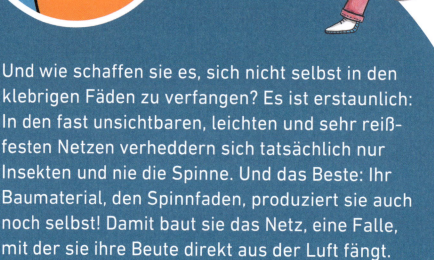

Und wie schaffen sie es, sich nicht selbst in den klebrigen Fäden zu verfangen? Es ist erstaunlich: In den fast unsichtbaren, leichten und sehr reißfesten Netzen verheddern sich tatsächlich nur Insekten und nie die Spinne. Und das Beste: Ihr Baumaterial, den Spinnfaden, produziert sie auch noch selbst! Damit baut sie das Netz, eine Falle, mit der sie ihre Beute direkt aus der Luft fängt.

Meist baut eine Spinne nachts ihr Netz. Das hat
drei Vorteile:

1. Nachts ist es kühler,

2. viele Feinde der Spinne schlafen um diese Zeit und

3. wenn das Netz morgens fertig ist, dann klebt es
   noch schön, wenn die Insekten beginnen, durch
   die Luft zu fliegen. Insekten können also leichter
   gefangen werden.

Eine Spinne baut Radnetze, die einen äußeren Rahmen, Speichen wie bei einem Fahrrad und ganz viele innere Spiralen haben.

Als Erstes konstruiert die Spinne den Rahmen und die
Speichen des Netzes. Der Faden dafür wird in der
Spinndrüse produziert. Die sitzt unten am Hinterleib
der Spinne.

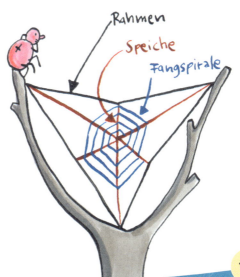

Die Spinne beginnt immer mit einem horizontalen Faden, also einem Querfaden. Um ihn zu befestigen, gibt es zwei Tricks:

1. Die Spinne lässt etwas Faden aus ihrer Spinndrüse. Ein Luftzug trägt den leichten Faden zu einem Ast und dort klebt er fest.

2. Sie klebt etwas Faden an einen Ast und krabbelt dann herunter. Dabei zieht sie einen Faden hinter sich her und klettert am nächsten Ast wieder hoch. Dort befestigt sie das andere Ende.

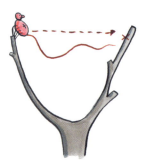
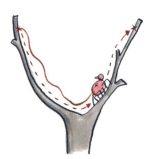

Dann krabbelt sie auf diesem ersten, horizontalen Faden bis zur Mitte und zieht dabei einen neuen Faden hinter sich her. Mit den Vorderbeinen wickelt sie dann den alten Faden auf und verbindet den neuen Faden mit dem alten Querfaden. Da sie beim zweiten Weg einen längeren Faden hinter sich her gezogen hat, hängt der Faden nach der Verknüpfung durch. Von der Mitte dieses Fadens seilt sich die Spinne ab. Wenn sie auf einen Ast trifft, klebt sie den Faden wieder fest. Jetzt entsteht der **Rahmen**. Er hat die Form eines Y.

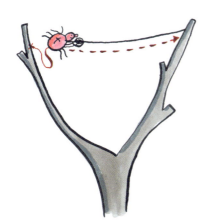 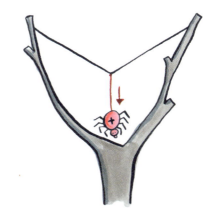

Nun kann die Spinne nach und nach alle Speichen und den Rahmen bauen. Eine Speiche entsteht, indem die Spinne wieder hochkrabbelt, einen Faden in der Mitte des Y festklebt und dann auf ihrem alten Faden zu einem der Äste klettert. Dabei zieht sie den neuen Faden hinter sich her. Der wird wieder am Ast befestigt und zurück geht's auf dem neuen Faden. Dabei zieht sie einen weiteren Faden hinter sich her. Den klebt die Spinne auf der Hälfte der Strecke an dem neuen Faden fest. Weiter geht es durch die Mitte des Y und runter zur Astgabelung. Dort wird wieder festgeklebt. Ein neues Y ist entstanden. Nach diesem Muster geht es nun immer weiter, es werden immer neue Y gebaut, bis alle Speichen fertig sind.

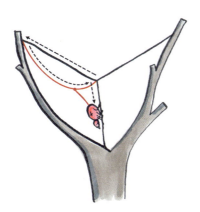 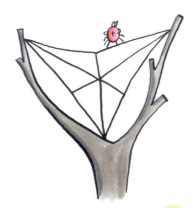

Als Nächstes kommen die Spiralfäden. Dafür zieht die Spinne den Faden aus ihrer Drüse immer genau so weit, wie ihr Bein lang ist. Dann wird er an einer Speiche festgeklebt. Weil die Spinne ihr Bein als Maß nutzt, sehen die Netze so gleichmäßig aus. Das ist nicht nur hübsch, sondern hat einen großen Vorteil: Das Netz passt zur Größe der Spinne und sie kann später problemlos darauf laufen, ohne hindurchzufallen. So konstruiert die Spinne nun Runde um Runde der Spiralfäden, bis das ganze Netz fertig gewebt ist.

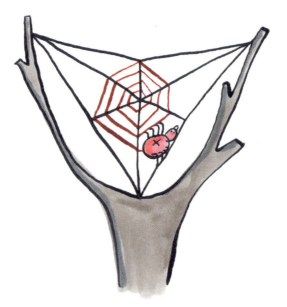

Damit die Insekten im Netz hängen bleiben, arbeitet die Spinne mit einem besonderen Trick: Aus einer speziellen Drüse sondert sie Leimtröpfchen ab, die sie auf den

Spiralfäden verteilt. In der Mitte des Netzes und auf den Rahmen- und Speichenfäden ist kein Leim.

Wenn alles fertig ist, setzt sich die Spinne in die Mitte ihres Netzes. Deshalb darf dort kein Kleber sein. Jetzt heißt es: abwarten.

Sobald sich ein Insekt im Netz verfangen hat, spürt die Spinne das mit ihrem sehr feinen Tastsinn. Sie läuft sofort zu ihrem Opfer und wickelt es in Sekundenschnelle in ihre klebrigen Fäden ein.

Die Spinne selbst verfängt sich nicht in ihrem Netz. Das hat zwei Gründe:

1. Sie hat ganz besonders geformte Füße und berührt ihr Netz nur mit drei kleinen Krallen, die wie Zangen um den Faden greifen. Dadurch kommt sie mit dem Leim nur ganz wenig in Kontakt und kann die Krallen problemlos wieder herausziehen. Die Krallen haben außerdem eine besonders geformte Haut, an der Leim nicht gut hält.

2. Die Spinne benutzt meist die nicht klebenden Rahmen- und Speichenfäden zum Laufen. Sie werden deshalb auch »Lauffäden« genannt.

Die Spinne baut alle drei bis vier Tage ein neues Netz. Ihr altes Netz frisst sie auf, um das wertvolle Baumaterial wiederverwenden zu können. Es wandert durch ihren Körper und kann schon nach einer Stunde wieder zu einem neuen Faden versponnen werden.

So ein Netz kann aus insgesamt 20 Metern Faden bestehen und hat noch einen Vorteil. Die Feuchtigkeit der Luft setzt sich morgens als Tautropfen auf dem Netz ab. So hat die Spinne also eine Insektenfalle mit eingebautem Getränkeautomaten.

Wer hat die Buchstaben erfunden?

Erfindungen stellt man sich eigentlich immer so vor: Irgendein Gelehrter wandert unablässig in seinem Zimmer auf und ab, grübelt, probiert aus, verwirft die Idee wieder, probiert neu und am Schluss hat er den genialen Einfall und etwas Neues erfunden.

Für manche Dinge gibt's aber keine Erfinder. Sie werden nicht erfunden, sondern entwickeln sich. Schrift und Buchstaben gehören dazu. Sie haben sich über viele Tausend Jahre entwickelt. Die Schrift wurde auch nicht an einem Ort oder von einem Volk erfunden. Es entstanden verschiedene Schriften an mehreren Orten der Erde, ohne dass die Menschen damals voneinander wussten.

Alle diese Schriften haben sich aus Bildern entwickelt. Die ersten Bilder haben schon die Steinzeitmenschen vor über 75.000 Jahren auf Felswände gezeichnet. Mit der Zeit wurden die Bilder immer mehr vereinfacht. Es wurden Zeichen daraus. Mehrere Zeichen hintereinander waren wie aufeinanderfolgende Wörter, die einen Text ergaben.

Die ältesten Schriften stammen vermutlich aus Südosteuropa, dem alten Ägypten und Mesopotamien (heute Irak und Syrien). Sie sind teilweise über 5.000 Jahre alt. So sahen sie aus:

Bei den Sumerern kann man gut sehen, wie sich die Schrift entwickelte: Die Bildzeichen wurden im Laufe der Zeit immer mehr vereinfacht. Es entstanden keilförmige Zeichen. Nach ihrer Form wurde die Schrift benannt: »Keilschrift«. Zum Beispiel für Kopf:

rund 3100 vor Christus   rund 2100 vor Christus

Es dauerte ungefähr 2.000 Jahre, bis die Phönizier eine viel einfachere Schrift erfanden, die als Vorläufer unseres Alphabets gilt: das semitische Alphabet. Semitisch heißt es, weil das die Sprache der Phönizier war. Sie lebten dort, wo heute Syrien und Libanon sind. Ihr Alphabet bestand nur noch aus 22 Zeichen, alles Konsonanten. Vokale, wie a, e, i, o, u, gab es noch nicht. Und noch etwas hatte sich verändert: Die Zeichen standen nicht mehr für Bilder, sondern für Laute. Ein Wort wurde nun aus mehreren Lauten zusammengesetzt. So ist es auch heute noch.

»Haus« wird also nicht mehr als Symbol gezeichnet, sondern besteht aus den Buchstaben H-A-U-S. Alle Laute zusammen ergeben das Wort.

Die Griechen übernahmen vor knapp 3.000 Jahren dieses Alphabet. Sie änderten aber die Reihenfolge der Buchstaben, warfen auch einige aus dem Alphabet und fügten andere hinzu, zum Beispiel Vokale. Und sie legten fest, wie das Alphabet fortan zu schreiben war und aus welchen Buchstaben es bestand. Es waren 24 Stück.

Geschrieben wurde damals von rechts nach links. Die ersten beiden Buchstaben im griechischen Alphabet heißen »alpha« und »beta« – davon leitet sich das Wort »Alphabet« ab.

Aus dem griechischen Alphabet entwickelte sich das römische Alphabet. Es hatte 21 Buchstaben. Die Römer sprachen Latein und deshalb heißt unser heutiges Alphabet **lateinisches Alphabet**. Wir haben es nämlich von den Römern übernommen. Sie legten auch fest, dass von links nach rechts geschrieben werden sollte. Auch das machen wir heute noch.

Die Reihenfolge des Alphabets wurde seit den Römern nicht mehr grundlegend verändert. Die Buchstaben wurden nur noch den verschiedenen Sprachen angepasst und neue Buchstaben wurden einfach hinten angehängt. »W«, »Y« und »Z« kamen im Mittelalter hinzu. Damit man die Laute besser unterscheiden konnte, wurde das »I« noch durch das »J« und das »U« durch das »V« ergänzt. Unser lateinisches Alphabet enthält deshalb 26 Buchstaben.

Die meisten europäischen Sprachen verwenden ein Alphabet mit 26 Buchstaben, teilweise gibt es aber Ergänzungen zu den einzelnen Buchstaben wie etwa Haken, Striche, Punkte oder Kringel. Sie kennzeichnen Laute, die zum Beispiel länger oder kürzer ausgesprochen werden.

So sieht das »vollständige« europäische Alphabet aus – also alle 26 Buchstaben mit allen Besonderheiten für die unterschiedlichen Sprachen:

a à á â ą ă ã å ä æ b c ç ć č d ď
e è é ê ě ę ë f g h ı ı í į ĭ î ï j
k l ł m n ń ň ñ o ó ô õ ö ő œ ø
p q r ř s ş ś š ß t ţ ť ð þ u ù ú û
ŭ ū ų ů ü ű v w x y ý z ź ż ž

Forscher haben etwas Interessantes herausgefunden:

Es ist zum Lseen gar nciht wcihitg, in wlehcer Riheenfogle die Buhcsteban in eniem Wrot sheten. Huaptsahce, der esrte und ltzete Buhcstbae snid an der rchitgien Sltele.

> Warum haben die Menschen in Afrika schwarze Haut?

Die Frage müsste eigentlich anders herum lauten: Warum haben die Menschen in Europa weiße Haut? Denn der Mensch stammt ursprünglich aus Afrika und hatte eine schwarze Haut. Also, zuerst waren alle Menschen schwarz. Ganz schwarz ist die Haut natürlich selten. So wie sie auch nicht ganz weiß ist, eher hell und dunkel. Unsere Haut kann also ganz verschiedene Töne haben: rosa, gelb, weißlich, braun und fast schwarz.

Welche Farbe unsere Haut hat, hängt davon ab, wie viele Pigmente sie enthält. Pigmente sind Farbstoffe. **Melanin** heißt ein wichtiger Farbstoff, der für die Hautfarbe verantwortlich ist. Das Melanin wird in den Hautzellen gebildet. Wie viel Melanin gebildet werden kann, hängt genau genommen von unseren Eltern ab. Es wird nämlich vererbt. Eltern mit sehr dunkler Haut vererben an ihre Kinder die Fähigkeit der Haut, viel Melanin zu bilden.

Auch Kinder dunkler Eltern kommen relativ hellhäutig zur Welt. Die Haut produziert das Melanin erst, wenn es gebraucht wird. Und sie benötigt die dunkle Farbe vor allem für eins: als **Schutz** vor der Sonne. Im Bauch der Mutter scheint keine Sonne, also ist kein Sonnenschutz nötig. Werden die Kinder im sonnigen Afrika geboren, dann bildet sich in ihrer Haut viel Melanin. Die Haut wird nach und nach immer dunkler.

Dass sich später auch Hellhäutige entwickelten, liegt daran, dass die Menschen vor etwa 200.000 Jahren begannen in Richtung Norden zu wandern. Je weiter sie in den Norden kamen, desto weniger intensiv war die Sonneneinstrahlung. Die schwarze Haut schützt zwar gut vor Sonne, hat aber auch einen Nachteil: Ist die Sonne nicht intensiv genug, kann die dunkle Haut nicht genug Vitamin D bilden. Vitamin D ist aber für den Körper wichtig. Fehlt es, dann wachsen die Kinder nicht richtig und ihre Knochen verformen sich. Die helleren Typen hatten im Norden einen Vorteil und deshalb wurden die Menschen in Europa hellhäutig.

Heute leben in Europa auch Menschen mit schwarzer und in Afrika auch Menschen mit weißer Hautfarbe. Das ist möglich, weil man heutzutage Vitamin D mit der Nahrung oder mit Tabletten aufnehmen kann. Dunkelhäutige leiden auch in weniger sonnigen Gegenden nicht mehr unter Vitaminmangel. Und in den sonnigen Regionen der Erde greifen alle Hellhäutigen einfach zur Sonnencreme, um ihre Haut vor Verbrennungen zu schützen.

Warum heißen die Sieben Weltwunder »Weltwunder«?

Wir haben lange in Büchern gelesen, das Internet durchstöbert und ziemlich viel herumtelefoniert, um diese Frage zu beantworten. Ganz genau konnte uns aber keiner sagen, warum die Weltwunder »Weltwunder« heißen. Aber wenn man sich anschaut, was alles zu den Sieben Weltwundern zählt, dann ergibt sich die Antwort eigentlich von allein.

Die klassischen Sieben Weltwunder sind:

1. Die Pyramiden von Giseh (Ägypten)
2. Die hängenden Gärten der Semiramis (Babylon, heute Irak)
3. Das Bildnis des Zeus (Olympia, Griechenland)
4. Der Tempel der Artemis (Ephesos, Türkei)
5. Das Mausoleum von Halikarnassos (Griechenland)
6. Der Koloss von Rhodos (Griechenland)
7. Der Leuchtturm von Alexandria (Ägypten)

Von den drei Pyramiden von Giseh gilt heute vor allem die Cheopspyramide noch als Weltwunder. Sie ist das einzige erhaltene der Sieben Weltwunder und besteht aus über zwei Millionen Steinblöcken, die zusammen über sechs Millionen Tonnen wiegen.

Da von den Sieben Weltwundern heute nur noch die Cheopspyramide steht, kann man auch nur sie fotografieren. Von den anderen Weltwundern können wir uns nur eine Vorstellung machen, wenn wir Beschreibungen von Menschen lesen, die damals gelebt haben. Oder wir betrachten Bilder von Künstlern, die versucht haben die Weltwunder zu zeichnen.

Bei den **hängenden Gärten der Semiramis** waren auf großen Terrassen Gärten angelegt, in denen seltene Pflanzen wuchsen. Im trockenen Babylon war ein so großer und üppiger Garten etwas ganz Besonderes.

Über zwölf Meter hoch war die Statue, die zu Ehren des griechischen Gottes Zeus in Olympia errichtet wurde. Unter anderem wurden wertvolles Elfenbein, über 200 Kilo Gold und zwei faustgroße Edelsteine – als Augen – verarbeitet.

Dieser riesige Tempel wurde für die Göttin Artemis gebaut, eine Tochter von Zeus. Er soll über 100 Meter lang und so hoch wie ein Haus mit sechs Stockwerken gewesen sein. Das Dach wurde von 127 Säulen getragen, die 18 Meter hoch waren.

Das **Mausoleum von Halikarnassos** war das Grabmal des Königs Mausolos. Es hatte für die damalige Zeit eine völlig neue und ungewöhnliche Bauweise und wertvolle Verzierungen. Das Grabmal war so beeindruckend, dass fortan wichtige Persönlichkeiten häufig in einem Mausoleum beigesetzt wurden.

Höher als 30 Meter war der **Koloss von Rhodos**, eine Statue, die zu Ehren des griechischen Sonnengottes Helios auf der Insel Rhodos errichtet wurde. Jeder Finger der Statue war größer als ein Mensch und dick wie ein Baum. Insgesamt wurden mehr als zwölf Tonnen Bronze verarbeitet. Die Krone bestand aus reinem Gold.

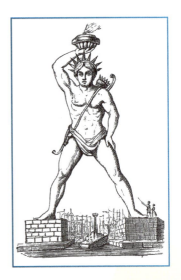

Der Leuchtturm von Alexandria wurde erst später in die Liste der Weltwunder aufgenommen. Er war der erste Leuchtturm der Welt. Der Leuchtturm war 130 Meter hoch und seine Außenwände bestanden aus Marmor.

Alle Sieben Weltwunder waren ganz besonders groß und schön. Bei manchen von ihnen rätselt und wundert die Welt sich noch heute, wie Menschen sie damals überhaupt errichten konnten. Es waren technische Wunderwerke. Der Begriff »Weltwunder« passt also schon gut.

Aber es kommt noch eine etwas andere Deutung hinzu. Antipatros von Sidon hat die Liste der Sieben Weltwunder vor gut 2.100 Jahren aufgestellt. Er schrieb damals eine Art Reiseführer und beschrieb darin die schönsten, größten und technisch erstaunlichsten Bauwerke. Er bewunderte sie also. Die ihm bekannte Welt bestand vor allem aus den Ländern rund um das Mittelmeer. Dort, wo heute zum Beispiel Ägypten, Syrien, Libanon, die Türkei, Griechenland und Italien liegen.
Die Wunder waren aus der ihm damals bekannten Welt, deshalb Weltwunder. Das ist auch der Grund dafür, dass keine Bauwerke aus anderen Gegenden der heutigen Welt in der Liste aufgeführt sind, wie zum Beispiel das größte Bauwerk, das Menschen je geschaffen haben: die Chinesische Mauer.

Wie kommt der Sand an den Strand?

Um die Frage beantworten zu können, muss man den Sand am Strand erst mal genauer unter die Lupe nehmen. Dabei erkennt man:
1. dass der helle Sand gar nicht nur aus hellen Körnern besteht, sondern bunt ist, und
2. dass der Sand aus unzähligen kleinen Steinchen besteht.

Die größten der kleinen Steinchen sind zwei Millimeter groß. Ungefähr so groß wie ein Stecknadelkopf. Es gibt im Sand aber auch noch viel kleinere Steinchen. Um herauszufinden, wie so kleine Steine an den Strand kommen, müssen wir den Strand verlassen und reisen: ab in die Berge!

Berge bestehen aus Stein. Wenn man sich einen Teil eines Berges, einen kleinen Felsbrocken, unter dem Mikroskop anschaut, sieht man ganz viele kleine Teilchen. Es sind Mineralien und Gesteinsstückchen. Sie erinnern ein bisschen an die Sandkörner am Strand. Nur sind sie steinhart zusammengeschweißt. Aber: Die Steine, aus denen die Berge geformt sind, haben feine Risse. In diesen Rissen sammelt sich Regenwasser. Im Winter gefriert das Wasser und dehnt sich so stark aus, dass die Risse immer größer werden. Dadurch kann sich noch mehr Wasser darin ansammeln, das wieder gefriert. Das geht so lange, bis die Risse so groß sind, dass Teile der Steine abbrechen und den Berg hinunterkullern. Dabei springen Ecken und Kanten ab und die Steine werden kleiner und kleiner.

Einige der herabgekugelten Steine bleiben in den Bergen, aber andere landen in Bächen und werden vom Wasser zu Tal gespült. Dabei reiben sie sich ständig aneinander, rubbeln weitere Ecken ab und werden noch kleiner. Irgendwann ist aus den Felsbrocken Kies geworden und auch der wird immer kleiner gescheuert, bis aus ihm Sand geworden ist. Dieser Sand wird an den Flussmündungen ins Meer gespült und mit der Strömung und den Wellen an die Strände verteilt.

Welche Farbe der Sand hat, hängt ganz davon ab, aus welchem Gestein er entstanden ist. So besteht weißer Sand überwiegend aus einem Mineral, das Quarz heißt. Schwarzer Sand hat sich dagegen aus vulkanischem Gestein gebildet, aus Basalt. Hat der Sand einen rosa Farbton, dann ist viel Feldspat (auch ein Mineral) enthalten. Und die silbern glitzernden Teile im Sand sind das Mineral mit Namen Glimmer.

Der Sand hat, bis er so weich unter den Füßen und so knirschend zwischen den Zähnen endet, eine lange Reise hinter sich gebracht – über viele Kilometer und viele Tausend Jahre hinweg.

Wie wird Seife gemacht?

Die Babylonier müssen ein reinliches Volk gewesen sein, denn schon vor 4.500 Jahren ist es ihnen gelungen, Seife herzustellen. Die Sumerer haben später das Rezept dafür aufgeschrieben: auf ihren Tontafeln. Nehmen wir also einfach eine der alten Tafeln zur Hand und überprüfen die Zutatenliste. Viel steht da allerdings nicht drauf: nur Öl und Pottasche.

Früher wurde oft Tierfett oder Öl verwendet. Und Pottasche ist Asche, die mit Wasser in einem Pott ausgewaschen wird. Dabei entsteht eine Lauge.

Nach demselben Grundrezept kann man auch heute noch Seife selbst herstellen. Da die Sache aber nicht ganz ungefährlich ist, sollte immer ein Erwachsener dabei sein. Der muss allerdings viel Zeit haben, denn Seife selbst herzustellen, dauert ziemlich lange.

Als Erstes vermischt ihr Holzasche vom letzten Lagerfeuer mit warmem Wasser und lasst es längere Zeit stehen. Dann gießt ihr diese Brühe durch einen Kaffeefilter. Was unten heraustropft, ist Pottasche. Fertig ist die Lauge.

Statt Tierfett oder Öl nehmt ihr Kokosfett und schmelzt es in einem Topf. Dazu braucht ihr destilliertes Wasser aus der Drogerie und Salz. Bevor es richtig losgeht, müssen alle Seifenhersteller noch eine Schutzbrille anziehen. Das heiße Fett könnte nämlich spritzen. Das erwärmte Kokosfett lasst ihr am besten bei ausgeschalteter Platte auf dem Herd stehen.

Die Pottaschelauge wird nun ganz vorsichtig unter Rühren zu dem warmen, aber nicht heißen Kokosfett geschüttet.

Dann kommt ein bisschen destilliertes Wasser dazu und dabei muss immer weitergerührt werden. Jetzt könnt ihr den Herd noch einmal anstellen. Die Mischung darf aber nicht kochen.

Und nun heißt es Geduld beweisen: Erst bilden sich kleine Flocken. Nach einiger Zeit wird die Brühe gelbbraun. Sollte währenddessen zu viel Wasser verdampfen, muss immer wieder nachgefüllt werden. Und ab und zu an das Umrühren denken. Ist die Brühe gelbbraun, dann kommt Kochsalzlösung dazu. Dafür vermischt ihr Salz mit destilliertem Wasser, verrührt es gut und schüttet es in den Topf. Wieder rühren und nach gar nicht allzu langer Zeit wird die Flüssigkeit trüb.

Jetzt könnt ihr den Topf vom Herd nehmen, denn das, was oben schwimmt, ist die fertige Seife. Die könnt ihr abschöpfen und in einer schönen Form trocknen lassen.

Natürlich könnt ihr eure Seife noch mit Duftöl oder Kräutern verfeinern. Dann riecht sie nach Pfefferminze oder Zitrone. Oder ihr legt Blütenblätter hinein, dann sieht sie schöner aus.

In einer Fabrik unterscheidet sich die Herstellung der Seife nicht groß von der zu Hause. Nur, dass dort statt Pottasche **Natronlauge** verwendet wird. Das ist aber einfach nur eine andere Lauge. Sie wird in riesigen Tanks mit flüssigem Kokosfett vermischt und erwärmt. Auch hier muss immer wieder gerührt werden, bis sich nach Tagen zähflüssiger Seifenleim bildet. Dann kommt Kochsalzlösung hinzu, dadurch trennt sich die Seife ab und schwimmt oben. Sie ist aber immer noch zu nass und kommt deshalb in einen großen Trockner. Danach wird sie geraspelt, geknetet, dann zu einem langen Strang gepresst und in Stücke geschnitten. Das sind solche Seifenstücke, wie sie bei euch im Badezimmer liegen.

Seife ist sehr praktisch: Sie wird aus Asche und Fett hergestellt – und genau diese Dinge kann man mit ihrer Hilfe auch wieder von seinen Händen waschen. Also, solltet ihr nach dem Seifekochen dreckige Hände haben, benutzt einfach eure selbst gemachte Seife.

Solltet ihr im April oder September mit dem Flugzeug nach Asien fliegen, dann lohnt sich über dem Himalaja-Gebirge ein Blick aus dem Fenster. Während ihr gerade auf etwa 10.000 Metern Höhe dahinschwebt, fliegt neben euch vielleicht ein Schwarm Streifengänse. Sie fliegen natürlich nicht immer in diesen schwindelerregenden Höhen, gehören aber zu den Rekordhaltern im Höhenflug.

Streifengänse

Dass diese Vögel so hoch fliegen können, hat einen guten Grund: Streifengänse sind **Zugvögel**. Das bedeutet, sie brüten an einem Ort und ziehen im Winter um, an einen anderen, wärmeren Ort. Denn nur dort finden sie dann genug Nahrung. Die Streifengans brütet in den Hochebenen Zentralasiens, in Tibet zum Beispiel. Zum Überwintern zieht sie in den Süden, nach Indien. Dabei muss sie den Himalaja überqueren, das höchste Gebirge der Erde mit weit über 8.000 Meter hohen Bergen. In solchen Höhen wird der Sauerstoff in der Luft knapp. Das Blut der Streifengänse ist mit speziellen Blutkörperchen angereichert, mit deren Hilfe sie Sauerstoff schneller aufnehmen und besser verarbeiten können. Sie sind also bestens gerüstet für ihre Höhenflüge.

Nicht alle Vögel können so hoch fliegen. Das ist auch gar nicht nötig. Denn wie hoch sie fliegen können, hängt davon ab, wo sie leben und wovon sie sich ernähren. Wer sein Nest, wie die Streifengans, hoch im Gebirge baut, der muss auch hoch fliegen können. Wer, wie die Schwalbe, unter Hausdächern nistet und Mücken jagt, der muss sich nicht so hoch aufschwingen.

Jeder Vogel hat deshalb seine ganz eigene Flughöhe.

Neben den **Streifengänsen** gibt es auch andere Vogelarten, die sehr hoch fliegen. Ein **Sperbergeier** aus Afrika hält den Höhenflugrekord mit über 11.000 Metern Höhe. Vom **Andenkondor** aus Südamerika weiß man, dass er sich in Höhen bis 7.000 Meter aufschwingt. Er ist übrigens der größte aller Vögel, die fliegen können.

Andenkondor

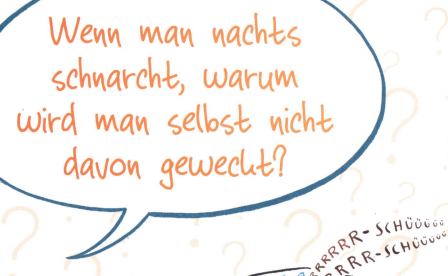

Zuerst ein bisschen Schnarchstatistik: Es schnarchen deutlich mehr Männer (60 Prozent) als Frauen (40 Prozent). Und Kinder schnarchen fast nie – außer sie haben zum Beispiel gerade einen Schnupfen.

Die typische Nacht eines Schnarchers könnte in etwa so aussehen: ins Bett gehen, einschlafen, auf den Rücken drehen und ... schnarchen! Mal lauter, mal leiser, mit und ohne Pfeifgeräusche, da gibt es viele Varianten. Zwischendurch ist auch mal Ruhe. Und morgens wacht der Schnarcher gut gelaunt auf, während seine Bettnachbarin völlig gerädert ist und sich fragt, warum der Schnarcher bei seinem eigenen Lärm so gut schlafen konnte. Es kann nicht daran liegen, dass er das Schnarchen im Schlaf nicht gehört hat. Denn seine Bettnachbarin hat auch geschlafen und das Schnarchen sehr wohl gehört. Menschen können also im Schlaf hören.

Der Schnarcher scheint sein Sägen aber zu überhören. Es gibt mehrere Gründe, warum man Geräusche in der Nacht überhören kann und deshalb nicht davon aufwacht:

1. Das Geräusch wird in einen Traum eingebaut. Man hört zum Beispiel das Weckerklingeln, träumt aber, dass das eine Fahrradklingel war, und schläft weiter.

2. Das Geräusch wird in einen Reflex umgeleitet. Wir hören ein Klingeln, wachen davon aber nicht auf, sondern strampeln mit den Beinen.

3. Das Geräusch ist bekannt und wird ignoriert.
So hört man auch laute Lkw nicht mehr, wenn man länger an einer befahrenen Straße wohnt. Man nennt das einen Gewöhnungs- oder Trainingseffekt.

Die dritte Erklärung trifft auf den Schnarcher zu. Er hat sich mit der Zeit an seine eigenen Schnarchgeräusche gewöhnt und wacht davon nicht auf. Sein Gehirn entscheidet, dass dieses Geräusch nicht so wichtig ist, als dass der Körper geweckt werden müsste.

Es gibt allerdings auch Schnarcher, die von ihren eigenen Geräuschen geweckt werden, und solche, die morgens gar nicht fit sind.

Dann könnte sich die Bettnachbarin doch auch an das Schnarchgeräusch gewöhnen ...

Manchen gelingt das und sie wachen nach einiger Zeit nachts nicht mehr von den Schnarchgeräuschen auf. Andere speichern das Schnarchgeräusch im Gehirn allerdings als ein Geräusch, das sie stört. Und wenn einen etwas stört, dann wacht man leider davon auf.

Wie hoch ist der Himmel?

Um ehrlich zu sein: Das weiß niemand so genau. Aber mit so einer kurzen Antwort gebt ihr euch vermutlich nicht zufrieden. Also versuchen wir, uns der Sache zumindest mal ein bisschen anzunähern. Zuerst mit einem Blick in den Himmel: Wenn man in den Himmel guckt, sieht man Wolken, Flugzeuge, Sterne und vieles mehr. Wie weit diese von der Erde entfernt sind, das weiß man. Also kann man daran auch ablesen, wie weit man gerade in den Himmel sieht.

Weil aber zum Beispiel Wolken mal hoch und mal tief hängen, ist der Blick in den Himmel nur eine erste Annäherung. Wissenschaftler gehen da etwas anders heran: Sie teilen den Himmel in Schichten auf. So wie ein Haus mit ganz vielen Stockwerken.

Die Stockwerke im Himmel unterscheiden sich vor allem durch eins: die Temperatur. Die ändert sich immer wieder. In der einen Schicht wird es kälter, in der anderen wieder wärmer. Dort, wo sich die Temperaturrichtung ändert, ist eine »Pause«. Jedes Stockwerk hat einen anderen Namen.

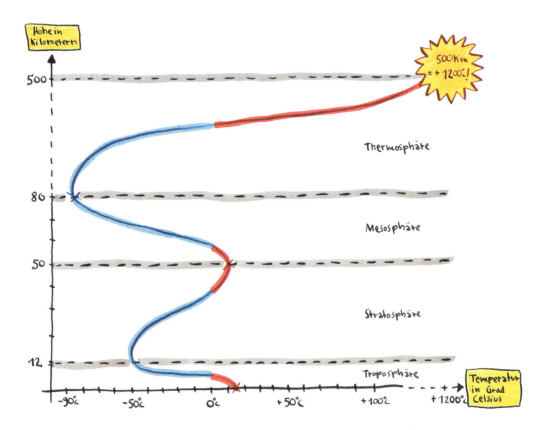

Fangen wir mal ganz unten an. Bei der Himmelsschicht, die der Erde am nächsten ist. Das unterste Stockwerk heißt »Troposphäre«. Sie reicht bis in eine Höhe von sieben bis siebzehn Kilometern. In diesem Stockwerk findet alles statt, was mit Wetter zu tun hat: Wolken, Regen, Blitz und Donner. In dieser Schicht nimmt die Temperatur von unten nach oben ab. Also, am Erdboden sind es zum Beispiel +15 °C und in zwölf Kilometern Höhe −50 °C. In der Troposphäre steigt die warme Luft nach oben und Wolken können sich bilden.

Wer die verschiedenen Wolken kennt, der weiß, in welche Höhe des Himmels er gerade guckt. Cumuluswolken, auch »Schönwetterwolken« genannt, hängen tief am Himmel. Etwa ein bis zwei Kilometer über der Erde. Seht ihr Schäfchenwolken, dann schaut ihr in eine Höhe zwischen zwei und sechs Kilometern. Cirruswolken, die wie ausgefranste Schleier aussehen, gibt es ab sieben Kilometern Höhe bis an den Rand der Troposphäre. Die Cumulonimbuswolke, die den Regen bringt, reicht von einem Kilometer über dem Boden bis zu zwölf Kilometern Höhe.

Regen gibt es also nur in der Troposphäre. Hier liegt auch die Reiseflughöhe der Flugzeuge.

Das nächste Stockwerk heißt »Stratosphäre«. Es befindet sich in einer Höhe von etwa zwölf bis

50 Kilometern. Hier wird die Luft wieder wärmer. Von −50 °C steigt sie auf +10 °C. Das liegt daran, dass die ultravioletten Strahlen der Sonne, die wir nicht sehen können, aus Sauerstoff Ozon machen, wobei Wärme entsteht. Die Wolken können nicht in diese Schicht steigen, denn warme Luft steigt nur auf, solange die Luft darum herum kälter ist. Also, am Ende der Troposphäre ist für die Wolken Schluss. Andere schaffen es aber bis in die Stratosphäre: Düsenflugzeuge und Wetterballons zum Beispiel. Wenn ihr also den Kondensstreifen eines Düsenflugzeugs seht, dann schaut ihr in den unteren Teil der Stratosphäre.

Und weiter geht es hoch hinaus. Das nächste Stockwerk heißt »Mesosphäre«. Es liegt ungefähr zwischen 50 und 80 Kilometern Höhe. Hier wird es bis zu −90 °C kalt.
Im nächsten Stockwerk, der »Thermosphäre«, wird's nach und nach richtig heiß. In 80 Kilometern Höhe sind es noch −90 °C und in 500 Kilometern Höhe schon +1.200 °C. Sternschnuppen verglühen in dieser Luftschicht. Das passiert in einer Höhe von etwa 150 Kilometern. Satelliten fliegen auch hier, 350 Kilometer über der Erde.
Über der Thermosphäre geht es langsam hinüber ins Weltall. Aber das ist deshalb noch lange nicht das Ende der Fahnenstange. Aus dem All schickt die Sonne ihr Licht aus etwa 150 Millionen Kilometern Entfernung. Der Zwergplanet Pluto ist stets

mindestens 5.900 Millionen Kilometer von der Erde entfernt. Und die Sterne, die wir abends am Himmel sehen, schicken ihr Licht aus vielen Milliarden Kilometern Entfernung zu uns. Der Himmel ist also sehr hoch.

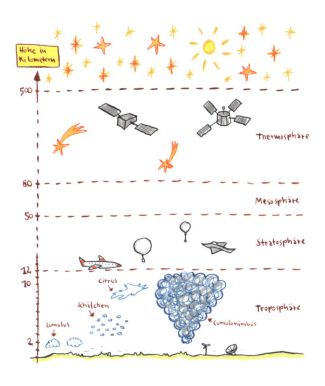

Weil es noch keiner bis ans Ende des Himmels geschafft hat, gehen wir davon aus, dass der Himmel unendlich ist. Wie hoch unendlich ist, das weiß keiner so genau. Und deshalb stimmt die kurze Antwort vom Anfang: Wie hoch der Himmel ist, weiß keiner.

> Warum werden die Blätter im Herbst rot und gelb, aber nicht blau?

Das liegt daran, dass in der Natur alles recht sparsam und praktisch eingerichtet ist. Wir Menschen haben zwei Beine, und nicht acht wie die Spinne. Acht Beine würden uns nichts nützen. Wir wären damit nicht schneller, sondern würden eher stolpern. Die Natur verzichtet deshalb meistens auf unnötigen Schnickschnack. Das gilt auch für die Blätter der Pflanzen: In ihnen sind nur Farben vorhanden, die der Pflanze auch nützen.

Blätter sind meistens grün und färben sich im Herbst gelb, orange und rot. Fangen wir deshalb mit Grün an. Der grüne Farbstoff heißt Chlorophyll. Das Chlorophyll macht etwas sehr Wichtiges für den Baum: Es nutzt die Energie des Sonnenlichts und wandelt sie um. Mit dieser Energie, Luft und Wasser entsteht im Blatt mithilfe des Chlorophylls Zucker. Das nennt man Fotosynthese. Vom Zucker ernährt sich der Baum. Bei der Fotosynthese entsteht ganz nebenbei auch noch Sauerstoff. Den brauchen Menschen, Tiere und Pflanzen zum Atmen. Also, Grün ist nützlich und kann bleiben.

Kommen wir zu Rot, Orange und Gelb, den Farben, die man im Herbst sehen kann. Sehen kann man sie tatsächlich erst im Herbst. Sie sind aber schon die ganze Zeit im Blatt. Allerdings werden sie im Sommer vom kräftigen Blattgrün völlig überdeckt. Auch diese Farben bestehen aus Farbstoffen, zum Beispiel aus Carotin. Es hilft bei der Fotosynthese.

Andere Farbstoffe dieser drei Farben dienen dem Blatt als Sonnenschutz. Wenn die Sonne im Sommer richtig kräftig scheint, dann könnte das für das Chlorophyll zu viel werden. Ein Baum kann sich aber nicht mit Sonnencreme einreiben, um sich zu schützen. Deshalb hat er eine andere Technik: Die Farbstoffe schützen das Chlorophyll vor zu viel Sonnenenergie und gewährleisten so, dass es gut weiterarbeiten kann.

Gelb, Orange und Rot helfen also bei der Fotosynthese und bilden den Sonnenschutz des Blattes.

Im Herbst werfen die Bäume ihre Blätter ab. Das Chlorophyll wird vorher vom Baum abgebaut und in den Zweigen fürs nächste Jahr eingelagert. Wenn das Chlorophyll aus den Blättern verschwunden ist, dann werden die Farben sichtbar, die den Rest des Jahres im Verborgenen wirken: Gelb, Orange und Rot. Die Stoffe, aus denen diese Farben bestehen, sind vom Baum leicht wieder herstellbar. Deshalb können sie im Herbst mit den Blättern vom Baum abfallen. Sie werden im nächsten Jahr neu gebildet. Blau werden die Blätter nie, denn diese Farbe ist für den Baum nutzlos, egal zu welcher Jahreszeit.

Wie heiß ist die Sonne und warum ist die Sonne heiß?

15.600.000 °C. Eine unvorstellbar große Zahl und unvorstellbar heiß! So heiß ist die Sonne in ihrem inneren Kern. Auf ihrer Oberfläche ist es im Vergleich dazu richtig frostig: Etwa 5.500 °C beträgt dort die Temperatur. Gut, verglichen mit den Temperaturen auf der Erde ist das immer noch gigantisch heiß. Die meisten Menschen schwitzen schon bei 25 bis 35 °C, Wasser kocht bei 100 °C und Stahl wird im Hochofen bei 1.700 °C geschmolzen. Alles nichts im Vergleich dazu, was auf der Sonne los ist.

Die Sonne ist so heiß, weil dort dauernd neue Hitze erzeugt wird. Das funktioniert so: Die Sonne besteht aus Gasen. Den größten Anteil hat Wasserstoff mit ungefähr 73 Prozent. Gefolgt von Helium mit knapp 25 Prozent. Wasserstoffatome verschmelzen im Kern der Sonne miteinander zu Helium. Das nennt man Kernfusion. Wenn Atome verschmelzen, wird ganz viel Energie frei. Ein Teil davon wird bei der Sonne zu Wärme, der andere Teil zu Licht. Ohne das Licht und die Wärme der Sonne gäbe es kein Leben auf der Erde.

Die Sonne ist etwa 4,6 Milliarden Jahre alt. Ungefähr fünf Milliarden Jahre wird es dort noch Kernfusionen geben. Zeit genug, noch zwei schön große Zahlen auf sich wirken zu lassen:

Der Durchmesser der Sonne beträgt knapp
1 400 000 Kilometer

Unvorstellbar!

und sie wiegt
2 000 000 000 000 000 000 000 000 000 000 Kilogramm.

Okay, etwas zu viel Alpen und zu wenig Baum. Wir müssen wohl etwas näher ran, so auf 2.500 bis 3.000 Meter Höhe.

Wie, immer noch nichts zu sehen?

Gut, noch näher ran. Ist ja schließlich der kleinste Baum. Geht schon mal auf die Knie.

Wenn ihr jetzt noch den Kopf zum Boden runterbeugt, dann könnt ihr ihn endlich sehen.

Das ist der kleinste Baum: **die Krautweide**. Wenn sie ausgewachsen ist, ist sie meistens nur wenige Zentimeter hoch. Nach 40 Jahren hat ihr Stamm einen Durchmesser von sieben Millimetern. Was über dem Boden zu sehen ist, ist aber sozusagen nur die Spitze des Eisberges, besser gesagt des Baumes. Der Rest wächst eingegraben im Boden. Dort ist es nämlich viel wärmer. So schützt die Pflanze sich vor dem eisigen Wind und der großen Kälte in diesen Höhen. Was aus der Erde rausguckt, ist also ziemlich wenig vom Baum. Eigentlich ist er viiiel größer, der Zwerg.

> Warum haben Indianer meistens lange Haare?

Man glaubt es nicht, aber um eine Antwort auf diese Frage zu finden, mussten wir ziemlich lange herumtelefonieren. Und am Ende gab's auch nicht eine, sondern mehrere mögliche Erklärungen. Alle, die sich näher mit Indianern beschäftigen, haben uns als Erstes gesagt, dass nicht alle Indianer lange Haare haben. In vielen Stämmen werden auch Kurzhaarfrisuren getragen. Von den Irokesen zum Beispiel. Bei ihnen werden die Seiten des Kopfes rasiert und nur in der Mitte bleibt das Haar stehen. Wie bei einer umgedrehten Bürste.

Die **Sioux-Indianer** aber haben lange Haare. Eine Frau, die lange bei Indianern lebte, erzählte uns, dass die Indianer sagen, in den Haaren säße die **Lebenskraft** und Lebensenergie. Wer seine Haare abschneidet, beschneidet auch seine innere Kraft.

Lange Haare sind auch ein Zeichen für **Macht**. Wer die längsten Haare hat, ist der Chef. Es gibt aber Fälle, in denen Indianer ihre langen Haare abschneiden. Zum Beispiel wenn sie um einen Verstorbenen trauern. Und wie bei uns, so gibt es auch bei den Indianern **»Moden«**. Manche Indianer tragen also lange Haare, andere kurze, je nachdem, welche Mode der Stamm bevorzugt.

Dass heute viele Indianer lange Haare tragen, liegt aber nicht an einer aktuellen Mode, sondern hat einen anderen Grund: Vor etwas über 100 Jahren wurden die Kinder der Indianer gezwungen in Internatsschulen zu gehen. Das Erste, was dort mit ihnen gemacht wurde, war: Haare schneiden und waschen. Alle bekamen einen Kurzhaarschnitt ohne Rücksicht auf die jeweilige Kultur des Stammes. Als **Zeichen** ihres **Ursprungs** und als Reaktion auf den aufgezwungenen Haarschnitt begannen die Indianer ihre langen Haare zu kultivieren. Langes, glänzendes, glattes Haar sagt: Und ich bin doch ein Indianer! Deshalb tragen heute auch Indianer lange Haare, die aus Stämmen kommen, die früher kurze Haare hatten.

Wie kommt die Mine in den Bleistift?

Obwohl der Name es nahelegt, enthalten Bleistifte heute kein Blei mehr. Im Mittelalter haben die Menschen tatsächlich mit Stiften aus einer Blei- und Silbermischung geschrieben. Die kratzten aber ganz fürchterlich und es war sehr ungesund, damit zu arbeiten. Blei ist nämlich giftig. Der Name des »Blei«-Stifts hat aber dennoch etwas mit seiner Mine zu tun. Sie besteht aus Graphit, Ton und Wasser.

Vom Graphit hat der Bleistift auch seinen Namen. Vor über 450 Jahren fand man in England ein schwarz schimmerndes Mineral, das sich fettig anfühlte, sehr weich war und mit dem man schreiben konnte: Graphit. Graphit besteht aus Kohlenstoff. Das neu entdeckte Material ähnelte den Blei-Erzen, die man schon kannte. Also nannte man die Stifte einfach Blei-Stifte.

Das Graphit in der Mine bringt die Farbe aufs Papier. Weil Graphit allein aber viel zu weich ist, fügt man Ton hinzu, der die Mine härtet. Ton ist eine Sorte Erde, aus der man auch Teller und Tassen töpfern kann. Die werden durch Brennen in Hitze hart. Ton und Graphit werden zu Mehl gemahlen und vermischt. Dann gießt man Wasser hinzu, damit ein geschmeidiger Teig entsteht. Der wird als Nächstes durch feine Düsen gespritzt. Das ist wie bei einer Spritze, aus der vorne ein langer, dünner Strang Teig herausgepresst wird. Dieser Strang wird in immer gleichen Abständen abgeschnitten. Das sind schon die Minen.

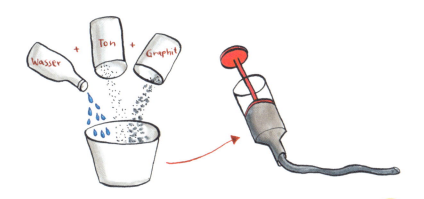

Allerdings kann man mit ihm noch nicht schreiben, denn die Minen sind noch weich und feucht. Deshalb werden sie bei 160 °C getrocknet. Anschließend wandern sie zum Härten in einen über 1.000 °C heißen Ofen. Wie beim Töpfern wird der Ton in den Minen durch die Hitze hart. Nach dem Abkühlen kommen sie in ein Ölbad, dann kann man besser mit ihnen schreiben. Die Mine ist jetzt schreibfertig. Fehlt nur noch die Hülle aus Holz.

Zedernholz eignet sich besonders gut für Bleistifte. Es lässt sich gut schneiden und hat kaum Astlöcher. Dadurch kann man den Bleistift später gut anspitzen. Glatte Brettchen aus diesem Holz kommen in eine Maschine, die kleine Rillen (für jeden Bleistift eine) in jedes Brettchen schneidet. Das nennt man fräsen.

Dann kommt Leim auf die Brettchen. Und anschließend werden in die Rillen die Minen gelegt. Als Deckel kommt ein zweites Brettchen natürlich auch mit Rillen drauf. Die beiden Brettchen mit den Minen in der Mitte werden so fest zusammengepresst, dass sie zusammenkleben.

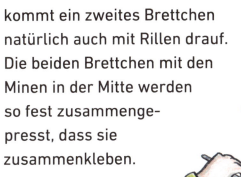

1. Fräsung

Nun wird wieder gefräst: Die erste Fräse schneidet die runde Stiftform heraus. Aber nur bis zur Hälfte des Holzbrettchens.

Die zweite Fräse macht das Gleiche von der anderen Seite.

2. Fräsung

Jetzt sind es endlich einzelne Stifte.

Die werden noch lackiert, bekommen einen Stempel und werden zum Schluss auch noch angespitzt.

Auf dem Stempel steht neben dem Firmennamen noch etwas Wichtiges: ein Buchstabe und eine Zahl. Daran kann man ablesen, wie der Stift schreibt. Steht ein »H« darauf, dann heißt das »hart«. Die Mine enthält mehr Ton, schreibt härter und der Strich wird dünner. »B« kommt vom englischen Wort »black«, das heißt schwarz. In so einer Mine ist mehr Graphit, deshalb ist sie weicher und macht dunklere, breitere Striche. »HB« ist genau dazwischen. Die Zahlen zeigen an, wie hart oder weich der Stift ist. Je höher die Zahl, desto härter oder weicher ist der Bleistift. Also »9H« ist besonders hart und »9B« sehr weich.

So seltsam es klingt, Schwitzen hat erst einmal wenig mit der Außentemperatur zu tun. Das merkt ihr, wenn ihr an einem kalten Wintertag eine längere Strecke lauft. Trotz der Kälte fangt ihr nach einiger Zeit an zu schwitzen. Ihr schwitzt, weil der Körper durch eure Bewegungen warm wird. Zu warm. Und deshalb muss euer Körper etwas für seine Kühlung tun. Sein Trick: Er schwitzt.

Schwitzen ist die **Klimaanlage** des Körpers. Durch das Schwitzen reguliert er die innere Temperatur. Die sollte immer um die 37 °C betragen. Damit die Temperatur gehalten wird, muss die Klimaanlage fast die ganze Zeit arbeiten.

Unser Körper produziert die ganze Zeit Wärme. Das liegt daran, dass wir die beim Essen aufgenommenen Nährstoffe im Körper verbrennen. Dabei entsteht die Energie, die wichtig für die Bewegung jedes einzelnen Muskels im Körper ist. Bei der Verbrennung entsteht aber auch ganz viel Wärme. Einiges davon braucht der Körper, um seine Temperatur auf 37 °C zu halten, manches von dieser Wärme ist aber auch zu viel.

Stellen die Temperaturfühler in der Haut fest, dass es im Körper zu heiß wird, melden sie das dem Gehirn und das gibt den Befehl »schwitzen«. Dadurch sondern die über zwei Millionen Schweißdrüsen in den oberen Schichten der Haut Wasser ab, vermischt mit einem bisschen Salz und einigen anderen Stoffen.

Der Schweiß kühlt den Körper, indem er auf der warmen Haut verdunstet. Das könnt ihr bei euch selbst ausprobieren: Verreibt ein bisschen Wasser auf dem Arm und pustet darüber. Dort, wo das Wasser ist, empfindet ihr den Luftstrom kühler als dort, wo die Haut trocken ist.

Schwitzen dient also immer der Kühlung des Körpers. Die Ursachen für das Schwitzen sind aber ganz verschieden:

1. Die überschüssige Wärme, die bei der Verbrennung unserer Nahrung entsteht, muss raus.

2. Wenn wir uns bewegen, wird unser Körper im Inneren wärmer. Auch diese Hitze muss raus.

3. Die Außentemperatur ist hoch und heizt unseren Körper auf. Um nicht zu überhitzen, schwitzen wir.

4. Wir haben Angst oder Stress. Dann sondert der Körper Angstschweiß ab, der riecht. In ihm sind nämlich besondere Duftstoffe enthalten.

Schweiß wird also abgesondert, damit der Körper nicht überhitzt. Man kann deshalb auch schon bei 20 °C schwitzen, weil das Schwitzen nicht von der Außentemperatur, sondern von der Körpertemperatur im Inneren ausgelöst wird.

Jeder Mensch hat eine eigene Temperaturregulierung. Deshalb sind manche Menschen schon bei 20 °C schweißgebadet und andere erst, wenn das Thermometer auf fast 30 °C klettert.

Die meisten Schweißdrüsen haben wir in den Achselhöhlen, an den Fußsohlen und in den Handinnenflächen. Wer viel Sport treibt oder körperlich hart arbeitet, sondert bis zu fünf Liter Schweiß am Tag ab. Normalerweise schwitzen wir etwa einen Liter Schweiß pro Tag aus.

Schweiß ist übrigens nicht eklig und bis auf den Angstschweiß riecht er auch nicht. Er stinkt erst nach einiger Zeit, wenn Bakterien aus der Haut ihn zersetzen. Deshalb zum Schluss ein kleiner Tipp: Gratuliert einem Gewinner beim Sport immer direkt nach dem Wettkampf. Dann ist er zwar klatschnass, aber noch wohlduftend. Einige Stunden später kann das ganz anders sein …

Wie wird Glas hergestellt?

Lange bevor die Menschen Glas herstellen konnten, benutzten sie es schon. Glas kann nämlich auch in der Natur bei Vulkanausbrüchen entstehen. Das Gesteinsglas aus Vulkanen ist dunkelgrün bis schwarz und heißt »Obsidian«. Aus diesem Gesteinsglas mit seinen messerscharfen Kanten wurden in der Steinzeit Waffen und Werkzeuge gefertigt.

Dass Glas auch von ganz allein bei Vulkanausbrüchen entstehen kann, liegt daran, dass es aus nur drei Grundzutaten besteht. Sie kommen in der Natur häufig vor: Quarzsand, Soda und Kalk. Heiß muss es dabei auch noch sein. Das ist schon das ganze Rezept.

Wann genau das erste Glas von Menschen hergestellt wurde, weiß man nicht. Sicher ist nur: Es ist schon viele Tausend Jahre her. Das Rezept ist einfach: Man nehme viel Quarzsand, etwas Soda und Kalk und mische alles. Dieses sogenannte »Gemenge« wird in einem Ofen bei etwa 1.500 °C geschmolzen. Der heiße Brei ist bereits flüssiges Glas. Er heißt Schmelze. Gießt man diese Glasschmelze auf eine feuerfeste Unterlage und rollt sie mit einer Art Nudelholz aus, dann hat man schon eine fertige Glasscheibe. So ähnlich wurden früher Fensterscheiben hergestellt.

Heute wird Fensterglas nach dem sogenannten »Floatverfahren« hergestellt. »To float« ist Englisch und heißt »obenauf schwimmen« oder »schweben«. Und genau so funktioniert es auch. Zuerst wird eine große Wanne mit heißem, flüssigem Zinn befüllt. Dann werden die Zutaten für Glas im Ofen geschmolzen. Dazu kommt noch das Mineral Dolomit, das die Schmelztemperatur sinken lässt. Ist alles geschmolzen, leitet man das 1.100 °C heiße, flüssige Glas in die Wanne mit dem flüssigen Zinn. Die beiden

Flüssigkeiten haben eine unterschiedliche Dichte und vermischen sich deshalb nicht. Das flüssige Glas schwimmt oben auf dem Zinn. Es »floatet«.

Dass das bei zwei Flüssigkeiten funktioniert, könnt ihr zu Hause ausprobieren. Schüttet Wasser und Öl in ein leeres Marmeladenglas. Das Öl vermischt sich nicht mit dem Wasser und schwimmt oben. Selbst wenn ihr den Deckel auf das Glas schraubt und schüttelt, mischen sich die Flüssigkeiten nur kurz. Kaum steht das Gefäß ruhig, trennen sich Öl und Wasser wieder. Genauso verhalten sich auch flüssiges Zinn und flüssiges Glas.

Da die Oberflächen von Flüssigkeiten immer ganz gerade sind, entsteht automatisch eine ganz ebene Glasplatte. Wenn sich alles gleichmäßig verteilt hat, wird die ganze Suppe langsam abgekühlt. Beträgt die Temperatur des Glases ungefähr 600 °C, wird es hart und kann vom flüssigen Zinn abgehoben werden.

Die Glasscheibe ist fertig, muss aber noch ganz langsam abgekühlt werden, damit sie nicht reißt. Zum Schluss wird die große Glasplatte gewaschen und auf die passende Größe zurechtgeschnitten.

Die neue Fensterscheibe ist fertig. Aber bei unseren Recherchen haben wir noch etwas Spannendes herausgefunden. Die Lösung der Frage, warum alte Kirchenfenster manchmal oben dünner und unten dicker sind. Jetzt kommt eine überraschende Erklärung: Glas ist zwar hart, aber dennoch eine Flüssigkeit. Und zwar eine eingefrorene, unterkühlte Schmelze. Die Glasschmelze kühlt nämlich so schnell ab, dass sich keine Kristalle bilden können. Eingefroren bedeutet, dass das Glas hart ist, aber eben nicht fest. Deshalb kann sich über sehr viele Jahre hinweg auch ein Glasfenster verändern, indem etwas von dem Glas nach unten sackt.

Warum sind die Muscheln, die man am Strand findet, leer?

Fast alle Muscheln, die ihr am Strand findet, sind leer und ohne Körper. Was ihr findet, sind nur noch ihre Schutzhüllen, die beiden Schalenhälften. Der Rest, eben der weiche Körper, die inneren Organe und ihr Fuß, mit dem sich die Muscheln fortbewegen können, wurde gefressen.

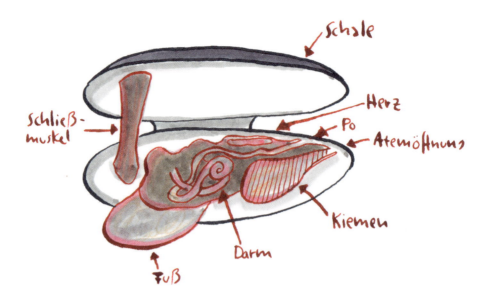

Muscheln haben viele Feinde. Von wem sie gefressen wurden, kann man manchmal an den leeren Schalenhälften erkennen.

Bei vielen Schalen sieht man, wenn man genau hinguckt, ein kleines Loch. Das hat eine **Bohrschnecke** hineingebohrt. Ist das Loch in der Schale, dann zerstört sie zuerst den Schließmuskel der Muschel.
Die Muschel kann sich dann nicht mehr verschließen und ist offen. Damit ist ihr harter Schutzschild weg, der die weichen Innereien schützt. Die Schnecke kann nun in Ruhe die Muschel fressen. Sie lässt nur die Schalen übrig. Die sind ihr zu hart. Die leeren Schalen haben nun auch keinen Halt mehr am Riff oder im Schlick. Sie werden deshalb von der Strömung des Meeres mitgenommen und irgendwann auch an den Strand gespült.

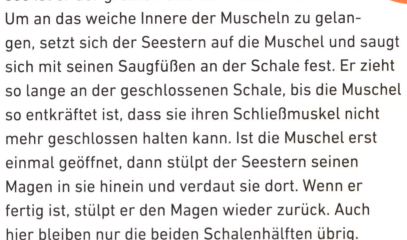

Wenn ihr Muscheln findet, die kein Loch in der Schale haben, könnte sie auch ein Seestern gefressen haben. In der Nordsee ist er der größte Feind der Muscheln. Um an das weiche Innere der Muscheln zu gelangen, setzt sich der Seestern auf die Muschel und saugt sich mit seinen Saugfüßen an der Schale fest. Er zieht so lange an der geschlossenen Schale, bis die Muschel so entkräftet ist, dass sie ihren Schließmuskel nicht mehr geschlossen halten kann. Ist die Muschel erst einmal geöffnet, dann stülpt der Seestern seinen Magen in sie hinein und verdaut sie dort. Wenn er fertig ist, stülpt er den Magen wieder zurück. Auch hier bleiben nur die beiden Schalenhälften übrig.

Auch außerhalb des Wassers haben Muscheln Feinde. Bei Ebbe werden ganze Muschelbänke freigelegt. Ein gefundenes Fressen für Austernfischer. Diese Vögel haben einen zum Muschelöffnen geeigneten Schnabel. Der sieht wie ein Meißel aus. Damit hebeln sie geschickt den weichen Muschelkörper aus den Schalen. Austernfischer fressen nur das weiche Innere heraus und lassen den Rest liegen.

Auch Fische lieben Muscheln. Der Seewolf zum Beispiel kann Muscheln knacken. Allerdings geht er dabei so grob vor, dass höchstens Schalenreste am Strand zu finden sind.

Es gibt sogar Säugetiere, die Muscheln fressen. Der Waschbär zum Beispiel. Er sucht seine Muscheln vor allem in Flüssen. Die Reste seiner Mahlzeit findet man aber so gut wie nie.

Ganz selten findet man am Strand noch geschlossen erscheinende Muscheln. Das heißt Muscheln mit Körper. Dies sind meist Muscheln, die zum Beispiel durch eine Infektion geschwächt sind. Das bedeutet, sie sind krank. Sie können sich deshalb nicht mehr am Meeresboden festhalten und werden an den Strand gespült. Diese Muscheln stinken und kein Tier würde sie fressen. Die Gefahr, krank zu werden, ist zu groß.

> Warum heißt das Martinshorn eigentlich nicht Julians- oder Petershorn?

Die Frage hat uns Julian aus Essen gestellt. Die Antwort darauf könnte aber alle, also auch Lasse, Mila oder Max interessieren. Bevor wir aber damit rausrücken, machen wir es noch ein bisschen spannend. Also, vom heiligen Martin, der vielen Menschen in Not geholfen hat, hat das Martinshorn seinen Namen nicht. Es hätte aber gut sein können, schließlich helfen Feuerwehr, Notarzt und Polizei auch Menschen in Notfällen. Dennoch: Fehlanzeige!

Ein bisschen näher kommt man der Sache, wenn man nachschaut, wer das Martinshorn erfunden hat. Das war Fritz Christian Günther. Der arbeitete in einer Fabrik, die verschiedene Hörner, Trompeten und Hupen herstellte. 1932 entwickelte er zusammen mit Feuerwehr und Polizei ein elektrisches Horn, das an die Autobatterie angeschlossen wurde und abwechselnd zwei Töne der Tonleiter als Warnsignal machte: Das a' und das d'.

Nur Sondereinsatzfahrzeuge von Feuerwehr, Notarzt und Polizei durften das Horn benutzen. Das gilt bis heute.

Damit ist aber immer noch nicht beantwortet, woher der Name kommt. Stimmt! Aber wir sind der Sache schon ganz nah. Denn Fritz Christian Günther, der Erfinder des Martinshorns, war der Schwiegersohn des Fabrikbesitzers. Er hatte also die Tochter seines Chefs geheiratet. Und der hieß Max B. Martin. Seine Firma trug denselben Namen und auch die neu entwickelten Hörner erhielten den Nachnamen des Chefs – »Martin-Horn«. Am Anfang fehlte tatsächlich das »s« zwischen »Martin« und »Horn«. Das hat sich im Laufe der Jahre dazwischengemogelt. Deshalb heißt es also noch heute Martinshorn und nicht Julians- oder Petershorn.

> Warum kann man Musik nur hören, aber nicht sehen?

Um diese Frage zu beantworten, könnt ihr es mal so richtig krachen lassen. Bei einem Experiment. Und das funktioniert so:
Über die Öffnung einer Schüssel spannt ihr ganz stramm Plastikfolie und klebt sie fest. Streut dann etwas Sand auf die Folie und stellt die Schüssel vor die Lautsprecher eurer Musikbox oder des Radios. Und jetzt: Musik ab! Und zwar richtig laut!

Jetzt könnt ihr sehen, warum wir Musik hören. Die Sandkörner auf der Folie beginnen zu springen, sobald ihr die Musik laut genug aufgedreht habt. Ihr seht jetzt zwar nicht die Musik, aber ihr seht, was sie bewegt: die Luft.

Musik sind eigentlich **Schallwellen**, die aus dem Lautsprecher kommen. Man kann sie auch selbst erzeugen: mit den Stimmbändern beim Singen. Aber egal wie sie entstehen: Schallwellen sind bewegte Luft. So, wie Wellen im Meer bewegtes Wasser sind. Die Schallwellen wandern vorwärts, vom Radio zum Beispiel bis zu euren Ohren. Auf ihrem Weg steht nun die Schüssel mit dem Sand. Bewegte Luft, also die Schallwellen, können Dinge zum Schwingen bringen, die Folie zum Beispiel. Wenn sie schwingt, dann springen die Sandkörner. Sie tun das im Takt der Musik, weil die Wellen die Folie in diesem Takt anstoßen.

Die Schallwellen lassen aber nicht nur die Folie schwingen, sondern auch das **Trommelfell** in unserem Ohr. Das ist eine dünne Haut, die in unserem Ohr gespannt ist. Über kleine Knochen wird dieses Schwingen an Nerven weitergeleitet und die schicken die Informationen an das Gehirn. Das erkennt: »Ah, Töne, Musik, und auch noch krachend laut.« Weil die Schallwellen in unserem Ohr umgewandelt werden, hören wir Musik.

Ein Ton trifft auf ein Ohr.

Das Trommelfell beginnt zu schwingen.

Knöchelchen vibrieren.

Information wird über Nerven an das Gehirn weitergeleitet.

So ein Gehirn ist bei den meisten Menschen viel größer ...

Zum Sehen brauchen wir ein anderes Sinnesorgan: die Augen. Wie sie funktionieren, könnt ihr in einem dunklen Raum ausprobieren. Schaltet ihr das Licht an, seht ihr alles, was darin herumsteht. Licht aus und ihr seht nichts. Das Auge sieht also immer dann Dinge, wenn Licht auf sie fällt und in das Auge zurückgeworfen wird. Es kann **Lichtwellen** wahrnehmen und an das Gehirn weiterleiten. Im Auge ist ein »Übersetzer« für Lichtwellen, aber keiner für Schallwellen eingebaut. Deshalb kann man Musik hören, aber nicht sehen. Dass man Musik nicht sehen kann, liegt also daran, dass unser Auge anders aufgebaut ist als das Ohr. Und das macht auch Sinn. Wir haben nämlich insgesamt fünf Sinne: Hören, Sehen, Tasten, Schmecken und Riechen.

Würde jeder Sinn immer alles wahrnehmen (Musik könnte man dann hören, sehen, tasten, schmecken und riechen), dann wäre unser Gehirn völlig mit Informationen überlastet. Es gäbe ein heilloses Durcheinander im Kopf, weil alle Informationen doppelt und dreifach ankämen. Also ist es sinnvoll, manche Dinge nur zu hören, andere nur zu schmecken und so weiter.

Jeder Sinn ist immer nur für einen Teil der Wahrnehmung da. Wir hören Musik, sehen, dass die Schallwellen die Folie vibrieren lassen, und können das Vibrieren auch fühlen.

Aber: keine Regel ohne Ausnahme. Es gibt einige Menschen, die Musik auch sehen können. Sie heißen Synästhetiker. Wird eines ihrer Sinnesorgane gereizt, zum Beispiel das Ohr durch die Schallwellen der Musik, dann nehmen sie diese Reize auch als Reize anderer Sinnesorgane wahr, zum Beispiel der des Auges. Die Töne der Musik hören Synästhetiker nicht nur. Sie sehen die Musik gleichzeitig als Farben oder Formen. Apropos hören: Ihr könnt die Musik wieder leiser stellen. Die Frage ist beantwortet und die Nachbarn klingeln schon.

Wie wird Papier hergestellt?

Aus einem Berg von Baumstämmen – die braucht man, um Papier für ein Schulheft oder auch ein Papiertaschentuch herzustellen.

Die Baumstämme werden von einem Kran auf ein Förderband gehoben und zu einer riesigen **Trommel** transportiert. Eine Trommel wie in der Waschmaschine, nur viel größer. Sie ist so groß, dass ganz viele Baumstämme gleichzeitig reinpassen.

Die Trommel dreht sich und dabei rotieren die Baumstämme mit. Sie reiben aneinander und schrubben sich so gegenseitig die Rinde ab. Dann geht's weiter zum **Häcksler**. Darin zerkleinern riesige Messer die Baumstämme zu kleinen Holzschnitzeln.

Ein Förderband transportiert sie danach zu einem riesigen **Kocher**. Den kann man sich vorstellen wie einen Dampfkochtopf. Nur viel größer. Er ist so hoch wie ein mehrstöckiges Haus. In dem Riesenkochtopf werden die Holzschnitzel bei großer Hitze weich gekocht. Dafür reicht aber heißes Wasser allein nicht aus. Man braucht noch etwas Schärferes, damit das Holz weich wird: Schwefelsäure. Und ganz viel Druck, der die Säure in alle Ritzen des Holzes presst.

Holz ist nämlich gar nicht so leicht weich zu kochen. Es besteht aus länglichen Fasern und einem braunen Klebstoff, der die Fasern zusammenhält. Der Klebstoff heißt heißt Lignin. Er macht das Holz fest.

Die Säure löst den Kleber aus dem Holz. Die Fasern liegen nun biegsam und lose durcheinander. Aus den Holzschnitzeln ist ein Holzbrei geworden. Aus dem Brei muss nun das Lignin herausgewaschen werden, denn schließlich sollen die Fasern nicht wieder verkleben.

Nach dem Waschen sieht der Brei noch schmuddelig gelbbraun aus. Um ihn taschentuchweiß zu machen, wird er entfärbt. Das nennt man Bleichen. Es gibt natürlich auch Papier, das nicht gebleicht wird – das ist meistens Recyclingpapier. Zum dünnflüssigen Faserbrei kommen noch Kreide und Wasser hinzu. Als Nächstes kommt er zur großen Papiermaschine. Die ist ungefähr 200 Meter lang und zehn Meter breit.

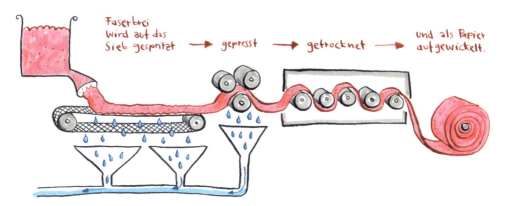

Durch feine Düsen wird der Faserbrei auf ein großes, sehr feines Sieb gespritzt. Die Fasern bleiben dabei oben auf dem Sieb liegen. Das ist im Prinzip schon das Papier, aber leider ist es noch viel zu nass. Deshalb kommt ein zweites Sieb von oben auf das Papier und zwischen schweren Rollen wird das überschüssige

Wasser herausgepresst. Das Papier ist jetzt schon viel trockener, aber immer noch zu feucht. Deshalb wird es mit Luft, die mehrere Hundert Grad heiß ist, getrocknet. Das ist so, als würde es am Schluss noch trocken gebügelt.

Das Papier ist am Ende der Papiermaschine fertig, aber leider noch etwas unhandlich. Aus der Maschine kommt nämlich eine Papierbahn, die viele Meter breit und endlos lang ist. Sie wird deshalb erst einmal auf breite Rollen aufgerollt und abgeschnitten.

In der nächsten Maschine schneiden rotierende, also sich drehende Messer die Papierbahn erst längs in schmalere Streifen. Danach wird quer geschnitten, sodass Papierbögen entstehen. Damit ist das Papier wirklich fertig und kann zum Beispiel zu Schulheften gebunden oder zu Taschentüchern gefaltet werden.

Warum leuchten die Sterne?

In einer klaren Nacht sieht man unzählige Lichter am Himmel. Aber nicht alles, was da oben leuchtet, sind Sterne. Außer Flugzeugscheinwerfern, die man nachts auch leuchten sehen kann, gibt es drei Arten von leuchtenden »Punkten«: Planeten, Fixsterne und Galaxien.

Planeten, zum Beispiel Mars und Venus, kann man zwar am Nachthimmel leuchten sehen, sie sind aber trotzdem keine richtigen Sterne. Denn Planeten erzeugen kein eigenes Licht, das heißt, sie leuchten nicht selbst. Sie werden von der Sonne angestrahlt und werfen ihr Licht zurück.

Bei den **Fixsternen** ist das anders. Die Fixsterne produzieren ihr eigenes Licht. Sie sind – wie unsere Sonne – riesige Feuerbälle im Weltall. Was wir nachts leuchten sehen, ist unvorstellbar heißes Gas. Die meisten Fixsterne sind sogar noch viel größer und heißer als unsere Sonne. Die meisten Sterne sind viele Milliarden von Kilometern entfernt. Weil sie so weit weg sind, sehen wir von den riesigen, brennenden Fixsternen nur kleine, leuchtende Punkte.

Fixsterne haben übrigens ihren Namen daher, dass sie aus unserer Sicht fest an einer Stelle bleiben.

Genau genommen bewegen sie sich zwar auch, aber nur sehr langsam. Die Planeten dagegen kreisen wie die Erde um die Sonne. Sie stehen deshalb immer wieder an anderen Stellen des Himmels und sind manchmal auch gar nicht zu sehen.

Die sehr weit entfernten **Galaxien** bestehen aus ganz vielen selbst leuchtenden Sternen.

Unsere Galaxie ist die Milchstraße. Man sieht sie von der Erde aus als weißes Band.

Es gibt auch Galaxien, die so weit entfernt sind, dass wir den ganzen Sternenhaufen bloß als einen leuchtenden Punkt sehen. Eine Galaxie kann also wie ein einzelner Stern aussehen, obwohl es in Wirklichkeit ganz viele Sterne sind.

Frag doch mal... Mit der Maus

Erstes Sachwissen ab 2 Jahren
Jeweils für € (D) 9,99 | € (A) 10,30

Fragen, Rätseln, Mitmachen ab 7 Jahren
Jeweils für € (D) 5,99 | € (A) 6,20

die Welt entdecken!

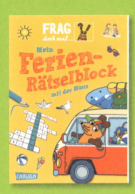

Ab 7 Jahren
€(D) 5,99 | €(A) 6,20

Ab 8 Jahren
€(D) 15,– | €(A) 15,50

Tagesabreißkalender
Ab 5 Jahren
ERSCHEINT IM JUNI 2019
€(D) 9,99 | €(A) 10,10

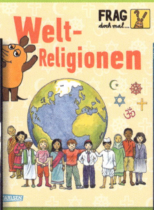

Die Sachbuchreihe ab 8 Jahren
Jeweils für €(D) 14,99 | €(A) 15,50

© I. Schmitt-Menzel | WDR mediagroup GmbH

CARLSEN
www.carlsen.de

Unser herzlicher Dank gilt allen, die uns bei der Beantwortung der Fragen unterstützt haben:

Dr. Stephan Anhalt, Dr. Hubert Bosch, Prof. Dr. Gerhard Breves, Frank Brockmann, Katja Engelhardt, Prof. Dr. Christian Feest, Achim Feldmeier, Benno Fonrobert, Prof. Dr. Bernhard Horsthemke, Prof. Dr. Ruprecht Jaenicke, Manuela Kalupke, Werner Kreuz, Dr. Stefan Loksa, Prof. Dr. Tom McCann, Rainer Mohr, Karsten Muuss, Carolin Nase, Dr. Gustav Peters, Dr. Ina Prinz, Romy Robst, Dr. Wolfgang Send, Carolin Stock, Prof. Dr. Joachim Wambsganss, Lutz Winhuisen

Bildnachweis:
AKG-images, Berlin: 142 o. (n.n.); Arteria Photography, Kassel: 101 (n.n.); ESA: 16 (ESA/A.Gerst); Fotolia: 26/27 (Anusa), 42 (elxeneize), 45 (jotily), 52 (Jürgen Fälchle), 54 (Edelweiss), 55 (ShahrilAffandi), 56 (M. Schuppich), 77 (Artsiom Petrushenka), 87 (Rokfeler), 88 (Maurizio Milanesio), 89 u. (annguyen), 98 (grafikplusfoto), 107 (stnazkul), 108 (Libor), 113 (Henrik Larsson), 120 (sandrafotodesign), 136 (Riccardo Niels Mayer), 145 (Netzer Johannes), 153 (buenaventura13), 163 (doris oberfrank-list), 176 (dimj), 179 (pimonpim), 184 (kavunchik), 187 (John Sandoy), 201 (Joshua Resnick); Panthermedia, München (lizenzfrei): 53 (Marpes); Getty Images, München: 90 (Dr. Dennis Kunkel), 168 (B.Bird/zefa); Interfoto, München: 60 (Fritz Breig), 140, 141 u., 142 u. (Karger-Decker), 141 o. (Zeit-Bild), 143 (Rauch); iStock: 28 (Image Source), 196 (Josef Mohyla); Photodisc (lizenzfrei): 77 (n.n.); Picture Alliance, Frankfurt: 61 (Lehtikuva Sixten Johansson/dpa-Report); Südwest Verlag, München: 89 o. (Frank Heuer); Shutterstock: 139 (Sophie McAulay), 152 (Nitin Chandra), 169 (Michal Hykel), 198 (melnikof); Superbild, Unterhaching bei München: 167 (Fleer)

Bildrechte-Inhaber, die wir nicht erreichen konnten, möchten sich bitte an den Verlag wenden.